지장보살본원경

地藏菩薩本願經

한영출판사

지장보살본원경

개정증보판 3쇄 발행 2023년 1월 10일

편 저 / 불교포교연구회
펴낸곳 / 한영출판사
펴낸이 / 최진혁
조판 및 편집 / 김정숙 · 우귀련
불 화 / 권성준

등록 / 1975-000003호
주소 / 대구광역시 중구 태평로 1가 187 태평라이프 330호
전화 / (053)423-6690, 423-7790
팩스 / (053)423-7790

*불사에 법보시하실 분은 본사로 연락하시면 특별할인하여 드립니다.

정가 : 8,000원
ISBN 978-89-88670-63-7 03220

이 도서의 국립중앙도서관 출판예정도서목록(CIP)은 서지정보유통지원시스템 홈페이지
(http://seoji.nl.go.kr)와 국가자료종합목록 구축시스템(http://kolis-net.nl.go.kr)에서 이용
하실 수 있습니다. (CIP제어번호 : CIP2019035996)

지장보살본원경

地藏菩薩本願經

머 리 말

지장보살(地藏菩薩)님은 석가모니부처님이 열반하신 후 미륵부처님이 이 세상에 오실 때까지 육도(六道)를 두루 살피며 천상에서 지옥까지 모든 육도의 중생들을 제도하여 고통에서 건져낼 큰 서원을 세운 분입니다.

석가모니부처님의 부촉을 받들어 미륵부처님이 출현할 때까지 도리천에 머물면서 육도 중생들의 근기를 관찰하며 일체중생을 교화하므로 지장보살님은 남방화주(南方化主)이기도 합니다.

지장보살님은 이미 여래(如來)의 경지에 이르렀고 무생법인(無生法印)을 얻었지만 모든 중생들의 제도를 위하여 자신의 성불을 포기한 대자대비(大慈大悲)의 보살입니다. 불교의 궁극적인 이상은 성불(成佛)이지만, 자신의 성불보다 고통에 빠진 중생들을 남김없이 건지고 성불하겠다는 큰 서원을 세우신 것입니다.

　이런 의미에서 죽은 뒤에 육도를 윤회하고 있거나 지옥에 떨어지는 고통을 구제해 주는 데는 지장보살이 으뜸으로 등장하여 지장신앙이 크게 발달하게 되었습니다.

　《명부시왕경(冥府十王經)》에 의하면 지장보살님은 죽은 사람을 위한 49재 때에는 절대적인 권능을 가지는 보살로 받들어지고 있는데, 이런 연유로 우리 나라의 사찰에서는 명부전의 본존으로 모셔져 있습니다.

　《지장보살본원경(地藏菩薩本願經)》을 접하는 모든 불자님들께서는 영가천도 뿐만 아니라 현실의 고통과 고난이 엄습할 때에도 이 경전을 독송할 것을 권장합니다. 그리하여 지장보살님의 위신력이 현세에서 더욱 큰 빛을 발하기를 바랍니다. 나무지장보살마하살.

불기 2563년(2019년) 9월 편집부

차례
Contents

독경 의식

정구업진언 (입으로 지은 업을 씻어내는 진언)

『수리수리 마하수리 수수리 사바하』

(세 번)

봉청청제재금강　봉청벽독금강

봉청황수구금강　봉청백정수금강

봉청적성화금강　봉청정제재금강

봉청자현신금강　봉청대신력금강

봉청금강권보살　봉청금강색보살

봉청금강애보살　봉청금강어보살

오방내외안위제신진언
(주변의 신들을 안위하는 진언)

『나무 사만다 못다남 옴 도로도로 지미 사바하』(세 번)

개경게 (부처님 법을 여는 게송)

가장높고 미묘하온 대자대비 부처님법
백천만겁 지나도록 만나뵙기 어려워라
다행히도 제가지금 듣고모셔 지니오니
부처님의 참된뜻을 빨리알게 하옵소서

개법장진언 (참다운 법을 여는 진언)

『옴 아라남 아라다』(세 번)

第一. 도리천궁신통품(忉利天宮神通品)
【도리천궁에서 신통을 나투시다】

이와 같이 나는 들었다.

이때 부처님께서는 도리천에 계시면서 어머니를 위하여 설법(說法)하고 계시었다.

그때 시방의 한량없는 세계에서 말로는 다 표현할 수 없이 많은 모든 부처님과 대보살마하살이 모두 다 법회에 오셔서 찬탄하셨다.

『석가모니부처님께서는 능히 오탁악세(五濁惡世)에서 불가사의한 큰 지혜와 신통력을 나투시어, 억세고 거치른 중생을 조복하여 고락(苦樂)의 법을 알게 하신다.』하고 각각 시자를 보내시어 부처님께 문안을 드렸다.

이때 부처님께서는 웃음을 머금으시고 백천만억의 대광명의 구름을 놓으시니, 이른바 대원만광명운·대자비광명운·대지혜광명운·대반야광명운·대삼매광명운·대길상광명운·대복덕광명운·대공덕광명운·대귀의광명운·대찬탄광명운이었다.

이러한 말할 수도 없는 광명의 구름을 놓으시고 또 여러 가지 미묘한 소리를 내시니, 이른바 보시바라밀의 소리·지계바라밀의 소리·인욕바라밀의 소리·정진바라밀의 소리·선정바라밀의 소리·지혜바라밀의 소리·자비의 소리·희사의 소리·해탈의 소리·무루의 소리·지혜의 소리·대지혜의 소리·사자후의 소리·대사자후의 소리·운뢰의 소리·대운뢰의 소리였다.

이러한 말할 수 없는 소리를 내시니, 사바세계와 타방국토에 있는 무량억 수의 천룡과 귀신들도 도리천궁으로 모여들었다.

이른바 사천왕천·도리천·수염마천·도솔타천·화락천·타화자재천·범중천·범보천·대범천·소광천·무량광천·광음천·소정천·무량정천·변정천·복생천·복애천·광과천·엄식천·무량엄식천·엄식과실천·무상천·무번천·무열천·선견천·선현천·색구경천·마혜수라천 내지 비상비비상처천의 일체의 하늘 무리와 용의 무리와 귀신의 무리 등이 모두 법회에 모여들었다.

그뿐만 아니라, 또 타방국토와 사바세계에 있는 해신(海神)·강신(江神)·하신(河神)·수신(水神)·산신(山神)·지신(地神)·천택신(天澤神)·묘가신(苗稼神)·주신(晝神)·야신(夜神)·공신(空神)·천신(天神)·음식신(飮食神)·초목신(草木神) 등의 신들도 모두 법회에 모여들었다.

또한 타방국토와 사바세계의 모든

큰 귀왕(鬼王)들이 모두 다 법회에 모여들었는데, 이른바 악목귀왕·담혈귀왕·담정기귀왕·담태란귀왕·행병귀왕·섭독귀왕·자심귀왕·복리귀왕·대애경귀왕 등의 귀왕들이었다.

그때 석가모니부처님께서 문수사리법왕자 보살마하살에게 말씀하셨다.

『그대는 저 모든 불·보살과 하늘·용·귀신들을 보았는가? 이 세계와 다른 세계에서, 이 국토와 다른 국토에서 이제 이렇게 이 도리천궁에 모여든 자의 수효를 그대는 알겠는가?』

문수보살이 아뢰었다.

『세존이시여! 저의 신력을 가지고서는 천겁(千劫)을 헤아려도 능히 알지 못하겠나이다.』

　부처님께서 말씀하셨다.

　『내가 불안(佛眼)으로 관찰하여도 오히려 그 수를 다 헤아리지 못하겠구나.

　그들은 모두 다 지장보살이 오랜 겁을 지내면서 이미 제도하였고, 지금 제도하고, 앞으로 제도할 자들이며, 또 이미 성취시켰으며, 지금 성취시키고, 앞으로 성취시킬 자들이니라.』

　문수사리가 부처님께 아뢰었다.

　『세존이시여! 저는 이미 과거세에 오랫동안 선근을 닦아 걸림 없는 지혜를 얻었으므로 부처님께서 말씀하시는 바를 듣고는 바로 믿어서 지닐

수 있사오나, 작은 과를 얻은 성문(聲
聞)이나 천(天)·용(龍)·팔부(八部)
와 미래세의 모든 중생들은 비록 부
처님의 성실한 말씀을 들어도 반드시
의혹을 품을 것이오며, 설사 받아들였
더라도 다시 비방하게 됨을 면치 못
할 것이옵니다.

세존이시여! 지장보살마하살은 처음
수행할 적에 어떤 행을 닦았으며 어
떤 원을 세웠기에 능히 이런 부사의
한 일을 성취하나이까? 좀 자세히 말
씀하여 주소서.』

부처님께서 문수사리에게 말씀하셨다.
『비유하자면, 삼천대천세계(三天大
天世界)에 있는 수풀·벼·삼·대·

산의 돌과 티끌의 낱낱을 세어서 그 수만큼의 항하가 있다 하고, 이 항하의 모든 모래 수만큼의 세계가 있어서 그토록 많은 세계 안의 티끌 수대로 겁(劫)을 삼아, 이 모든 겁에 쌓인 티끌 수를 모두 다 또 겁으로 치더라도 지장보살이 십지과위(十地果位)를 증득하여 지나 온 것은 위에 든 비유보다 천배나 더 많거늘, 하물며 성문이나 벽지불(辟支佛)까지의 지위에 있을 때까지이라.

문수사리여! 이 보살의 위신력과 서원은 불가사의하나니, 만약 미래세에 어떤 선남자 선여인이 이 보살의 명호를 듣고 혹은 찬탄하고, 혹은 우러러 절하고, 혹은 명호를 부르고, 혹은 공양을 올리고, 그 형상을 그리거나 조성하여 모시면, 이 사람은 마땅히 삼십삼천(三十三天)에 백번이나 태어나고 영원히 악도에 떨어지지 않으리라.

문수사리여! 이 지장보살마하살은 과거에 말로 할래야 할 수도 없는 오랜 겁 전에 큰 장자의 아들이었느니라.

그때 세상에 부처님이 계셨는데 명호는 사자분신구족만행여래(獅子奮迅具足萬行如來)라 하셨느니라.

그때 장자의 아들은 부처님 모습이 천복(天福)으로 장엄하심을 보고서 그 부처님께 "어떤 수행과 서원을 세워야 이런 모습을 얻나이까?"하고 여쭈었느니라.

이에 사자분신구족만행여래께서는 "이 몸을 얻고자 하거든 마땅히 오랫동안 온갖 고통 받는 중생들을 건져 주어야 하느니라." 하고 대답하였느니라.

문수사리여! 그 때에 장자의 아들이 큰 맹세를 하되, "제가 이제부터 미래세가 다하도록 헤아릴 수 없는 겁에 저 죄고(罪苦) 받는 육도중생(六道衆生)을 위하여 널리 방편을 베풀어서 다 해탈케 하고서야 제 자신이 불도를 이루리다." 하고 부처님 앞에서 대원을 세웠느니라.

그로부터 지금까지 백천만억 나유타

의 말로 할 수도 없는 오랜 겁을 아직
도 보살로 있느니라.

또 과거 생각도 할 수 없는 아승지겁
전에, 세상에 부처님이 계셨으니, 명호
를 각화정자재왕여래(覺華定自在王如
來)라 하셨는데, 그 부처님 수명은 四
백천만억의 무량한 겁이었느니라.

그 부처님의 상법(像法)시대에 한
바라문의 딸이 있었는데 숙세에 닦은
복이 매우 깊고 두터워 여러 사람으
로부터 흠모와 존경을 받았으며, 행주
좌와(行住坐臥)에 모든 하늘이 옹호하
였느니라.

그러나 그의 어머니는 사도(邪道)를
믿어서 항상 삼보(三寶)를 가벼이 여

졌으므로, 그 딸이 여러 가지로 방편을 베풀어 어머니께 권유하여 바른 지견(知見)을 내게 하였건만 그 어머니는 온전한 믿음을 내지 못하였고, 오래지 않아 목숨을 마쳐 혼신은 무간지옥에 떨어졌느니라.

그때 바라문녀는 짐작하되, '어머니가 살았을 적에 인과를 믿지 않았으므로 업에 얽매여 필경 악도에 떨어졌으리라.'고 생각하고, 집을 팔아서 좋은 향과 꽃이며 여러 공양구를 두루 구하여 먼저 부처님의 탑사(塔寺)에 가서 크게 공양을 올렸느니라.

그때 그 절에 모셔진 각화정자재왕여래의 위용이 아주 장엄스러운 것을 보고, 바라문녀는 더욱 공경하는 마음이 우러나 절을 하면서 혼자 생각하기를, '부처님은 대각(大覺)이시라, 온갖 지혜를 갖추셨으니, 만약 세상에 계셨더라면 우리 어머니가 돌아가신 뒤에 만일 부처님께 와서 여쭈어 보았다면 반드시 어머니가 가신 곳을 알았을 것이다.'고 하면서 오래도록 흐느껴 울며 부처님을 우러러 사모하였느니라.

그때, 홀연히 공중에서 소리가 들려왔느니라.

"우는 자여, 성녀(聖女)여! 너무 슬퍼하지 말라. 내가 이제 네 어머니의 간 곳을 알려 주리라."

바라문녀는 공중을 향하여 합장하고 여쭈었느니라.

"어떤 신덕(神德)이시온데 저의 근심을 풀어주시옵니까? 제가 어머니를 잃고 나서 밤낮으로 생각하고 생각하였으나 어머니가 태어나신 곳을 물어볼 데가 없었나이다."

그때 공중에서 또 소리가 났느니라.

"나는 너의 지극한 절을 받은 과거의 각화정자재왕여래니라. 네가 어머니 생각하기를 보통 사람들보다 배나 더한 것을 보았으므로 각별히 와서 일러 주노라."

이 소리를 듣고 바라문녀는 감격하여 몸을 일으켜 스스로 부딪쳐 팔과 다리가 성한데 없이 다쳤더니, 좌우에서 부축하고 돌보아 한참 만에 겨우 정신을 차리고 공중을 향하여 아뢰었느니라.

"부처님이시여! 바라옵건대, 크옵신 사랑으로 불쌍히 여기시어 우리 어머니가 태어나신 곳을 어서 말씀하여 주옵소서. 저는 이제 몸과 마음이 곧 죽을 것만 같나이다."

이때 각화정자재왕여래께서 성녀에게 이르셨느니라.

"네가 공양 올리기를 마치거든 얼른 집으로 돌아가 단정히 앉아서 내 명호를 생각하여라. 그러면 곧 너의 어머니가 태어난 곳을 알게 되리라."

바라문녀는 절을 마치고 곧장 집으로 돌아와서 어머니를 그리워하며 단정히 앉아 각화정자재왕여래를 염하면서 밤낮 하루를 지냈는데, 갑자기 보니 자신이 한 바닷가에 와 있었느니라.

그 바닷물은 펄펄 끓어오르는데, 여러 악한 짐승들이 들끓고, 더구나 그 몸뚱이가 모두 쇠로 되었고, 바다 위를 날아다니며 동서로 마구 달리고 있었느니라. 또 보니 남자와 여자 백천만 명이 그 바닷속에 빠져 버둥대는데 저 여러 악한 짐승들이 이들을 다투어 잡아서 뜯어 먹고 있었느니라.

또 보니 야차가 있는데 그 모양이

낱낱이 이상하였느니라. 혹은 손이 여럿이고 눈이 여럿이며, 혹은 다리와 머리도 여럿이며, 입에서는 어금니가 밖으로 튀어나와 날카로운 갈고리와 같았느니라.

이들이 저 죄인들을 몰아다가 험악한 짐승에게 가까이 대어 주기도 하고, 또 스스로 거칠게 움켜잡아 발과 머리를 엮어 가는 그 모양이 천만 가지라, 차마 오래 볼 수 없었느니라.

그때 바라문녀는 염불하는 힘으로 자연히 두려움이 없었느니라.

여기에 무독(無毒)이라는 한 귀왕이 있었는데, 머리를 숙여오며 성녀를 맞이하면서 말하였느니라.

"잘 오셨습니다. 보살은 어떤 인연으로 이곳에 오셨습니까?"

바라문녀가 귀왕에게 물었다.

"여기는 어떤 곳입니까?"

무독이 대답하였느니라.

"이곳은 대철위산(大鐵圍山) 서쪽의 첫 번째 바다입니다."

"내가 들으니 철위산 속에는 지옥이 있다는데, 그것이 사실입니까?"

"참으로 지옥이 있습니다."

"내가 지금 어떻게 해서 지옥이 있는 곳에 오게 되었습니까?"

"만약 부처님의 위신력이 아니라면 업력(業力)에 의한 것입니다. 이 두 가지가 아니면 결코 여기에 올 수 없습니다."

성녀가 또 물었느니라.

"저 물은 웬일로 저렇게 용솟음쳐 끓어오르며, 저 많은 죄인과 험악한 짐승들은 어떻게 된 것입니까?"

"저들은 남염부제에서 악업을 지은 중생입니다. 갓 죽은 자가 사십구일이 지나도록 망자를 위하여 공덕을 지어 고난에서 건져 주는 이가 아무도 없고, 생시에도 착한 일을 한 바가 없으면, 결국에 본래 지은 업에 따라 지옥에 가느라고 자연히 먼저 이 바다를 건너게 됩니다.

이 바다 동쪽으로 십만 유순(由旬)을 지나 또한 바다가 있는데 거기의 고통은 이곳의 배나 되고, 그 바다 동쪽에 또한 바다가 있는데 거기의 고통은 또 그 배나 됩니다. 이 고통은 삼업(三業)이 악하였던 원인으로 해서 받는 것이므로 모두가 업해(業海)라고 하는데, 그곳이 바로 여기입니다.”

성녀가 또 물었느니라.

“지옥이 어디에 있습니까?”

“그 세 바다 안이 바로 큰 지옥입니다. 그 지옥의 수가 백천이지만 각각 차별이 있습니다. 말하자면 큰 곳으로는 열여덟이나 되고, 그다음 곳이 오백이고, 또 그다음 곳이 천백이나 되는데, 지독한 고초가 한량없습니다.”

성녀가 또 물었느니라.

　“우리 어머니가 돌아가신 지 얼마 안
되나, 어디에 계신지 알 수가 없습니
다. 그 혼신은 어디로 갔겠습니까?”

　귀왕이 물었느니라.

　“보살의 어머니는 생전에 어떤 일을
하셨습니까?”

　“우리 어머니는 소견이 삿되어 삼보
를 헐뜯어 비방하였고, 설혹 잠깐 믿
다가도 이내 돌이켜 또 공경치 않았
습니다. 돌아가신 지 비록 오래되지
않으나 아직 태어나신 곳을 알 수 없
습니다.”

　“보살의 어머니는 성씨가 무엇이며,
누구입니까?”

　“우리 부모는 모두 바라문 종족인

데, 아버지 이름은 시라선견이고 어머니 이름은 열제리입니다."

무독이 합장하고 보살에게 말하였다.

"성자는 집으로 돌아가십시요. 그리고 조금도 걱정하거나 슬퍼하지 마십시요. 열제리 죄녀가 천상에 난지 이제 사흘이 되었습니다.

효순한 자손이 어머니를 위하여 공양을 올리고 복을 닦아 각화정자재왕여래의 탑사(塔寺)에 보시한 공덕으로 보살의 어머니만 지옥에서 벗어난 것이 아니라, 그날 이 무간지옥에 있던 죄인들은 모두가 함께 천상에 태어나 낙을 누리게 되었습니다."

귀왕이 말을 마치고는 합장하고 물

러갔느니라.

바라문녀는 꿈결같이 집으로 돌아와 이 일을 깨닫고는 곧 각화정자재왕여래의 탑상(塔像)앞에 나아가서 큰 서원을 세우되, "맹세하옵나이다. 저는 미래 겁이 다하도록 죄고에 허덕이는 중생에게 널리 방편을 설하여 해탈케 하오리다."라고 하였느니라.』

부처님께서 문수사리에게 또 말씀하셨다.

『그때의 귀왕인 무독이란 자는 지금의 재수(財首)보살이고, 바라문녀는 바로 지장보살이니라.』

第二. 분신집회품(分身集會品)
【분신들이 법회에 모임】

그때 백천만억의 이루 생각할 수도 없고 의논할 수도 없으며, 헤아릴 수도 없고 말로 할 수도 없는 그 무량 무수한 세계의 모든 지옥에 있던 지장보살의 분신들이 모두 다 도리천궁에 모여들었다.

또 각각 그 방면에서 해탈을 얻고 업도에서 나온 자가 각기 천만억 나유타가 있었는데, 이들이 부처님의 신력을 입어 다 같이 향과 꽃을 가지고 와서 부처님께 공양을 올렸다.

저들과 함께 온 무리들은 모두가 지장보살의 교화로 아뇩다라삼먁삼보리에서 영원히 물러서지 아니할 자들이었다.

이 모든 무리들은 멀고 먼 겁으로부터 내려오면서 생사의 물결에 빠져 육도에 떠돌면서 고통을 받아 잠깐도 쉴 틈이 없었다가, 지장보살의 광대한 자비와 깊은 서원력으로 각기 도과(道果)를 증득하고 도리천에 이르렀으니, 마음이 기뻐 뛸 듯하여 부처님을 우러러 쳐다보며 잠시도 한눈을 팔지 않았다.

그때 세존께서 금빛 팔을 펴시어 백천만억의 생각할 수도 없고 의논할

수도 없고, 헤아릴 수도 없고 말할 수
도 없는 무량 무수한 세계의 모든 화
신 지장보살의 이마를 어루만지시면
서 말씀하셨다.

『내가 오탁악세(五濁惡世)에서 저런
억세고 거치른 중생들을 교화하여 그
마음을 조복시켜 삿된 것을 버리고
바른 데로 돌아오게 하였건만, 열에
하나둘은 아직도 악습(惡習)에 빠져
있느니라. 나도 역시 천백억의 분신으
로 널리 방편을 베푸노니, 혹 근기가
날카로운 자는 법을 들으면 곧 믿어
서 지니며, 혹 좋은 과보(果報)를 지
닌 자는 부지런히 권하면 성취하고,
혹 둔하고 어두운 자는 오래 교화하

여야 겨우 귀의하고, 혹 업(業)이 무거운 자는 우러러 공경치 않느니라.

이런 중생 무리들을 각각 차별하여 분신이 제도하는데, 혹은 남자 몸을 나타내고 혹은 여자 몸을 나타내며, 혹은 하늘사람이나 용의 몸을 나타내고 혹은 귀신의 몸을 나타내며, 혹은 산 · 숲 · 내 · 들 · 강 · 못 · 샘 · 우물을 나타내어 사람을 이롭게 하면서 모두 다 제도하여 해탈케 하고, 혹은 제석천왕(帝釋天王)의 몸으로, 혹은 범왕(梵王)의 몸으로, 혹은 전륜왕(轉輪王)의 몸으로, 혹은 거사의 몸으로, 혹은 국왕의 몸으로, 혹은 재상의 몸으로, 혹은 관속(官屬)의 몸으로, 혹은 비구·비구니·우바새·우바이의 몸으로 내지 성문·아라한·벽지불·보살 등의 몸으로 나타내어서 교화하고 제도하나니, 단지 부처님의 몸으로만 그 몸을 나타내는 것이 아니니라.

내가 여러 겁을 두고 부지런히 힘쓰며 이와 같은 교화하기 어려운 억세고 거치른 죄고 중생들을 제도하였으나, 아직도 조복되지 못한 자가 있어서 업보를 따라 만약 악도에 떨어져 큰 고통을 받게 된 것을 보거든, 그대는 마땅히 내가 이 도리천궁에서 은근히 부촉하던 것을 생각하고, 사바세계에 미륵부처님이 나타나시어 오실 때까지 중생들을 다 해탈케 하여 영원히 모든 괴로움을 여의케 하고 부처님의 수기(授記)를 받도록 하라.』

이때 여러 세계에서 온 모든 분신 지장보살이 다시 한 몸으로 되어 애절하게 눈물을 흘리며 부처님께 아뢰었다.

『제가 멀고 먼 겁으로 내려오면서 부처님의 인도하심을 입어 불가사의한 신력을 얻고 크나큰 지혜를 갖추게 되었나이다.

제가 저의 분신으로 하여금 백천만억 항하의 모래 수와 같은 많은 세계에 두루 가득 차게 하고, 한 세계마다 백천만억의 몸을 화현하고, 그 한 몸마다 또 백천만억 사람을 제도하여

삼보께 귀의토록 하며, 영원히 나고 죽는 것을 여의고 열반락에 이르도록 하오리다.

다만 불법 중에서 선한 일을 하되, 한 터럭·한 물방울·한 모래·한 티끌만큼이나 혹은 털끝만치라도 한다면, 제가 점차로 제도하여 해탈시켜 큰 이익을 얻게 하오리다.

세존이시여! 오직 바라옵나니, 후세의 악업 중생은 염려하지 마옵소서.』

이렇게 세 번이나 부처님께 말씀드렸다. 이때 부처님께서 지장보살을 찬탄하셨다.

『장하고 장하도다. 내가 그대를 기쁘게 하리라. 그대는 아득한 겁으로 내려오면서 세운 큰 서원을 능히 성취하여 장차 널리 중생들을 제도한 후에 곧 보리를 이루리라.』

第三. 관중생업연품(觀衆生業緣品)
【중생의 업연을 관찰함】

그때 부처님의 어머니이신 마야부인
이 공경스러이 합장하고 지장보살에
게 물었다.

『성자여! 염부제(閻浮提) 중생이 업
을 짓는 차별과 받게 되는 응보는 어
떠하옵니까?』

지장보살이 대답하였다.

『천만 세계 모든 국토에는 혹 지옥
이 있기도 하고 없기도 하며, 혹 여
인이 있기도 하고 없기도 하며, 혹
불법이 있기도 하고 없기도 하며, 성

문과 벽지불도 역시 그러하옵니다. 지옥의 죄보(罪報)도 똑같은 것만은 아니옵니다.』

마야부인이 지장보살께 여쭈었다.

『그러면, 염부제에서 지은 갖은 죄업으로 인하여 나쁜 곳에 떨어져 과보를 받는 것에 대하여 듣고자 하옵니다.』

『성모(聖母)여! 잘 들으소서. 제가 간략히 말씀하오리다.』

『성자여! 말씀하여 주소서.』

이때 지장보살이 성모에게 말씀하셨다.

『남염부제에서의 죄보를 말하면 이러하옵니다. 만약 어떤 중생이 부모에게 불효하고 혹 살해까지 하였다면 마땅히 무간지옥에 떨어져 천만억 겁 동안 벗어날 기약이 없습니다.

만약 어떤 중생이 부처님 몸에 피를 내고, 삼보를 비방하고, 경전을 존중치 않으면, 역시 마땅히 무간지옥에 떨어져 천만억 겁 동안 벗어날 기약이 없습니다.

만약 어떤 중생이 절 재산에 손해를 끼치거나, 비구·비구니를 더럽히거나, 혹은 절 안에서 방자하게 음욕을 행하거나 죽이고 해친다면, 이런 무리들도 마땅히 무간지옥에 떨어져 천만억 겁 동안 벗어날 기약이 없습니다.

만약 어떤 중생이 마음은 사문(沙

門)이 아니면서 거짓으로 사문이 되어
절 재산을 함부로 쓰고, 신도를 속이
며, 계율을 어겨 갖가지 나쁜 짓을 하
면, 이같은 무리들도 마땅히 무간지옥
에 떨어져 천만억 겁 동안 벗어날 기
약이 없습니다.

만약 어떤 중생이 절 재산을 훔치
되, 재물·곡식·의복 등을 한 가지라
도 주지 아니한 남의 것을 가진 자도
마땅히 무간지옥에 떨어져 천만억 겁
동안 벗어날 기약이 없습니다.

성모여! 만약 어떤 중생이라도 이와
같은 죄를 지으면 모두가 오무간(五無
間) 지옥에 떨어져 잠깐만이라도 고통
이 멈추어지기를 원해도 이룰 수가

없습니다.』

마야부인이 거듭 지장보살에게 여쭈었다.

『어떤 것을 무간지옥이라 하옵니까?』

『성모여! 모든 지옥은 대철위산 내에 있는데, 그중에 큰 지옥은 열여덟 곳이나 됩니다. 또 그다음의 지옥이 오백 곳이 있어 이름이 각각 다르고, 또 그다음의 지옥이 천백이나 되는데 역시 이름이 각각 다릅니다.

무간지옥이라는 데는 그 옥성 둘레가 팔만여 리가 되며, 그 성은 순전히 쇠로 되었고, 높이는 일만 리인데, 성 위에는 불더미가 조금도 빈틈없이 이

글거리며, 그 성 중에는 또 여러 지옥이 서로 이어졌는데 그 이름도 각기 다릅니다.

여기에 유독 한 지옥이 있어서 이름을 무간이라고 하는데, 이 옥의 둘레는 만팔천 리요, 담장 높이는 천 리이며, 아랫불은 위로 치솟고 윗불은 아래로 쏟아져 내려오며, 쇠(鐵)로 된 뱀과 개가 불을 토하면서 담장 위를 동서로 쫓아다닙니다.

옥중에는 넓이가 만 리에 가득한 평상이 있는데, 한 사람이 벌을 받아도 그 몸이 평상 위에 가득 차게 누워 있는 것을 스스로 보게 되고, 천만 사람이 벌을 받아도 역시 각자의 몸이 평

상 위에 가득 차는 것을 보게 되는데,
여러 죄업으로 인하여 이 같은 과보
를 받게 되는 것입니다.

또 모든 죄인이 온갖 고초를 빠짐없
이 다 받는데, 백천의 야차와 악귀들
이 어금니는 칼날 같고, 눈은 번개와
같으며, 손은 또 구리쇠 손톱으로 되
었는데, 죄인의 창자를 끄집어내어서
토막토막 자릅니다.

또 어떤 야차는 큰 쇠 창을 가지고
죄인의 몸을 찌르는데, 혹은 입과 코
를 찌르며, 혹은 배나 등을 찔러 공중
으로 던졌다가 다시 받아서 평상 위
에 놓기도 합니다.

또 쇠로 된 뱀이 있어서 죄인의 목

을 감아 조이고, 또 온몸 마디마디에 긴 못을 내려박기도 하며, 또 혀를 빼어 보습으로 갈 때 죄인이 끌게 하고, 구리 쇳물을 입에 붓기도 하고, 뜨거운 철사로 몸을 감아서 만 번 죽였다 만 번 살렸다 하나니, 업(業)으로 받는 것이 이와 같아서 억겁을 지나도 벗어날 기약이 없습니다.

그러다가 이 세계가 무너질 때는 다른 세계로 옮겨 가서 나고, 그 세계가 또 무너지면 다른 세계로 옮겨 가고, 또 옮겨 가고 하다가, 이 세계가 또 이루어지면 다시 돌아옵니다.

무간지옥의 죄보가 이러하옵니다.

또한 다섯 가지 업감(業感)이 있으

므로 무간이라고 합니다.

다섯 가지라 함은, 첫째는 밤낮으로
벌을 받아 겁이 거듭하도록 끊어질
때가 없으므로 무간이라고 하는 것이
며, 둘째는 한 사람으로도 가득 차고
많은 사람이라도 역시 가득 차므로
무간이라고 하는 것이며, 셋째는 벌
받는 기구에 쇠몽둥이·매·뱀·이리
·개·맷돌·톱·도끼·끓는 가마·
쇠그물·쇠사슬·쇠나귀·쇠말 따위
가 있으며, 생가죽으로 목을 조르고
뜨거운 쇳물을 몸에 부으며, 주리면
철환을 삼키고 목마르면 뜨거운 쇳물
을 마시면서 해를 넘기고 겁을 보내
어 그 수가 한량없는 겁에 이르러도

고초가 잇달아 끊임이 없으므로 무간이라고 하는 것이며, 넷째는 남자 · 여자 · 오랑캐 · 늙은이 · 어린이 · 귀한이나 천한 이 · 용 · 신 · 하늘사람 · 귀신 할 것 없이 죄를 지으면 그 업에 따라 받는 것이 모두 똑같으므로 무간이라고 하는 것이며, 다섯째는 만약 이 지옥에 떨어지면 처음 들어올 때부터 백천 겁에 이르도록 날마다 밤마다 만 번 죽었다가 만 번 살았다가 하여 잠깐도 멈춰짐이 없다가, 나쁜 업이 다 사라져야만 비로소 다른 곳에 태어납니다.

이렇게 줄곧 잇달아 끊이지 않으므로 무간이라고 하는 것입니다.

　　성모여! 무간지옥에 대하여 대강 말한 것이 이러하오나, 만약 형벌 받는 기구 등의 이름과 그 온갖 고초 받는 일을 자세히 말씀드리자면 한 겁 동안에도 다 할 수 없습니다.』

　　마야부인이 이 말씀을 듣고는 근심 깊은 얼굴로 합장 정례하고 물러갔다.

第四. 염부중생업감품(閻浮衆生業感品)
【염부중생이 업으로 받는 과보】

그때 지장보살마하살이 부처님께 아뢰었다.

『세존이시여! 제가 부처님의 위신력을 입은 까닭으로 백천만억 세계에 두루 이 몸을 나누어 일체의 업보 중생을 구제하고 있나이다.

만약 부처님의 큰 자비의 힘이 아니오면 능히 이 같은 변화를 부리지 못할 것이옵니다.

제가 이제 또 부처님의 부촉하심을 받사오니, '아일다'가 성불하여 오실 때 까지 육도의 중생을 해탈토록 하오리니, 원컨대 세존이시여 염려하지 마옵소서.』

이 때 부처님께서 지장보살에게 말씀하셨다.

『일체중생이 해탈을 얻지 못하는 것은 성식(性識)이 정한 바가 없어서 악습으로는 업을 맺고 선습(善習)으로는 과(果)를 맺나니, 착하기도 하고 악하기도한 경계를 따라서 태어나 육도에 윤회하여 잠깐도 쉴 새가 없으며, 티끌 수 같은 겁이 지나가도 미혹으로 고난에 걸리는 것이 마치 그물 속에 노는 고기가 흐르는 물인 줄 알고서, 잠시 벗어났다가 또 그물에 걸리는 것과 같으니라.

이런 무리들을 내가 걱정하였더니, 그대가 이미 과거 여러 겁에 거듭한 서원을 실천하려고 저 죄 많은 무리를 널리 제도하겠다 하니 내가 다시 무엇을 걱정하리오.』

이 말씀을 하실 때, 회중에 있던 정자재왕(定自在王)이라는 한 보살이 부처님께 아뢰었다.

『세존이시여! 지장보살은 여러 겁으로 내려오면서 어떤 발원을 하였건데 이제 세존의 은근하신 찬탄을 받나이까? 세존께서는 간략히 말씀하여 주옵소서.』

부처님께서 정자재왕보살에게 이르

셨다.

『자세히 듣고 자세히 들어 잘 생각하라. 내가 그대를 위해 분별하여 해설하리라. 저 과거 한량없는 아승지 나유타의 말로 할 수도 없는 겁 전의 일이었느니라.

그때에 부처님께서 계셨으니, 명호는 일체지성취(一切智成就)·여래·응공·정변지·명행족·선서·세간해·무상사·조어장부·천인사·불·세존이셨고, 수명은 육만 겁이었느니라.

이 부처님께서 아직 출가하시기 전에는 작은 나라의 왕이 되어, 한 이웃 나라 왕과 더불어 벗을 삼고 함께 십선(十善)을 행하여 중생을 이롭게 하였느니라.

그런데 그 이웃 나라에 사는 백성들이 여러 가지로 악한 일을 많이 지으므로 두 왕은 의논하고 널리 방편을 베풀자고 하였느니라.

한 왕은 발원하기를 '어서 불도를 이루어 널리 이런 무리들을 남김없이 제도하리라.'고 하였고, 또 한 왕은 '만약 죄고 중생들을 먼저 제도하여 안락케 하고 보리를 이루지 못하게 하면, 나는 끝내 성불하기를 원치 않노라.'고 하였느니라.』

부처님께서 정자재왕보살에게 말씀을 계속하셨다.

『어서 성불하기를 발원한 왕은 곧

일체지성취여래였고, 영원히 죄고 중생을 길이 제도하지 아니하면 성불을 원치 않는 분이 바로 지장보살이었느니라.

또, 과거 한량없는 아승지겁 전에 한 부처님께서 세상에 출현하셨으니, 명호는 청정연화목(淸淨蓮華目)여래이셨고, 수명은 사십 겁이었느니라.

그 부처님의 상법시대에 한 나한이 있어서 중생을 복으로써 제도하였는데, 차례로 교화하다가 광목이라는 한 여인을 만났느니라.

그 여인이 음식을 베풀어 공양하기에 나한이 물었느니라.

"원하는 바가 무엇이요?"

광목이 대답하였느니라.

"저는 어머니가 돌아가신 날에 복을 지어 천도해 드리고자 하오나, 우리 어머니가 어떤 곳에 태어나셨는지를 알지 못합니다."

나한은 그녀를 가엾게 여기고, 정(定)에 들어 살펴보니 광목의 어머니는 악도에 떨어져 모진 고통을 받고 있었느니라.

나한이 광목에게 물었느니라.

"그대의 어머니는 생전에 어떤 업을 지었길래 지금 악도에서 아주 큰 고통을 겪고 있는고?"

"우리 어머니는 습성이 물고기와 자라 같은 것을 잡수셨고, 그 중에도 새

끼를 많이 잡수셨는데, 혹은 볶고 혹은 지져서 마음껏 잡수셨으니 아마 그 수는 천만보다 배나 더 될까 하옵니다. 자비로운 존자께서는 이를 불쌍히 여기사 어떻게든지 구하여 주소서."

그녀를 가엾게 여긴 나한은 방편을 지어 광목에게 권하여 말했느니라.

"그대는 지극한 정성으로 청정연화목여래를 염(念)하고, 겸해서 그 부처님 형상을 조성하거나 그려 모시면 산 사람도 죽은 사람도 모두 좋은 과보를 얻을 것이요."

광목이 이 말을 듣고는 곧 애착하던 것을 바쳐 불상을 그려 모시고 공양을 올리며, 더욱이 공양하는 마음으로 슬피 울면서 우러러 절을 하였느니라.

얼마 후 광목은 문득 새벽녘 꿈결에 부처님을 친견하였는데, 금빛이 찬란한 모습이 마치 수미산과 같았느니라.

그 부처님께서 큰 광명을 놓으시며 광목에게 이르셨느니라.

"너의 어머니는 멀잖아 너의 집에 태어나리라. 그래서 겨우 배고프고 추운 것을 느낄만하면 곧 말을 하게 되리라."

그 후에 그 집에서 한 하녀가 자식을 낳으니 사흘이 채 못 되어 말을 하는데, 광목을 보자 머리를 조아리며 슬피 울면서 이렇게 말했느니라.

"생사의 업연으로 하여 과보는 자기

가 받게 마련이다. 나는 바로 너의 어미다. 어둠 속에 오래 있었다. 너와 이별한 뒤로 큰 지옥에 여러 차례 떨어졌다가 이제야 복력을 입어 몸을 받아 났으나 미천한 사람이 되고, 게다가 단명하여 열세 살만 되면 또다시 악도에 떨어질 것이다. 네가 내 업보를 벗겨 줄 무슨 방법이 있겠느냐?"

광목이 이 말을 듣고는 자기 어머니인 것을 의심치 않고, 목메어 슬피 울면서 종의 자식에게 말했느니라.

"이미 당신께서 우리 어머니가 틀림없다면 본래 지은 죄를 알아야 합니다. 어떤 업을 지었기에 악도에 떨어졌습니까?"

하녀의 자식이 대답했느니라.

"살생하고 불법을 헐뜯고 비방한 두 가지 업으로 과보를 받았다. 만약 네가 복을 지어 나의 고난을 구제하여 주지 않았다면 이런 업으로써 도저히 벗어날 수 없었을 것이다."

광목이 물었느니라.

"지옥의 죄보는 어떠하던가요?"

종의 자식이 대답했느니라.

"벌 받는 일은 차마 말로 할 수 없다. 백 년을 두고 천 년을 두고 말하더라도 다하기 어려울 것이다."

광목이 이 말을 듣고는 통곡하며 울다가 허공을 향하여 말했느니라.

"원하옵건대, 저의 어머니를 지옥에

서 영영 벗어나게 하여 주옵소서. 열 세살을 마치고 나서도 무거운 죄보가 없도록 하여 주옵소서. 다시는 악도에 거치지 않게 하여 주옵소서.

시방의 모든 부처님이시여! 저를 가엾게 보옵소서. 제가 어머니를 위하여 발하는 이 광대한 서원을 들어 주소서. 만약 우리 어머니가 삼악도와 이 미천한 신분과 여인의 몸까지도 아주 여의고 영겁토록 다시 받지 않게 된다면, 제가 청정연화목여래의 상 앞에서 맹세하겠나이다.

오늘부터 이 뒤로 백천만억 겁 동안 모든 세계에 있는 지옥과 삼악도에서 고통받는 모든 중생들을 권하여 지옥

· 축생 · 아귀 등 악취에서 영원히 여의케 하고, 이런 무리들을 모두 다 성불케 한 후에야 제가 정각을 이루겠나이다."

이렇게 서원을 마치자, 청정연화목여래의 말씀이 들려왔느니라.

"광목아! 너는 큰 자비로 어머니를 위해 능히 훌륭하게도 그런 큰 원을 세웠구나. 내가 보건대, 너의 어머니가 열세 살이 되면 지금의 보를 벗고, 다음에 범지(梵志)로 태어나 백 세의 수를 누릴 것이다.

이 보가 지난 뒤에는 무우국토(無憂國土)에 태어나서 헤아릴 수 없는 겁을 살다가 뒤에 불과(佛果)를 이루고,

널리 항하의 모래 수와 같은 인간과 하늘을 제도하리라."』

부처님께서 정자재왕보살에게 말씀을 계속하셨다.

『그때 광목을 복으로 제도한 나한은 곧 무진의보살이고, 광목의 어머니는 곧 해탈보살이며 광목여인은 바로 지장보살이니라.

지나간 멀고 오랜 겁 중에 이렇게도 자비하여 항하의 모래 수와 같은 발원을 하고 널리 중생을 제도하였느니라.

미래에 만약 어떤 남자나 여자나 선행(善行)을 하지 않는 자, 인과를 믿지 않는 자, 사음·망어를 하는 자, 양설·악구를 하는 자, 대승을 비방하는 자라면, 이 같은 모든 죄업중생들은 반드시 악도에 떨어질 것이로되, 만약 선지식을 만나 그의 권유로 손가락 한 번 튕기는 사이라도 지장보살께 귀의하면 저 모든 중생들은 곧 삼악도의 죄보에서 풀리게 되리라.

만약 능히 지극한 마음으로 귀의하여 공경하고 우러러 절하고 찬탄하며, 향·꽃·의복 등 갖가지 진귀한 보배나 음식으로 받들어 올리는 자는 미래의 백천만 겁 동안에 항상 여러 하늘에 살면서 아주 묘한 낙을 누리게 되고, 만약에 천복(天福)이 다하여 인간에 하생하더라도 오히려 백천 겁을 항상 제왕이 되어 능히 숙명(宿命)의

인과본말(因果本末)을 기억하리라.

정자재왕보살이여! 이와 같이 지장보살에게는 불가사의한 큰 위신력이 있어서 널리 중생을 이롭게 하나니, 그대들 모든 보살은 마땅히 이 경을 기록하여 널리 유포할지니라.』

정자재왕보살이 부처님께 아뢰었다.

『세존이시여! 염려하지 마옵소서. 저희들 천만억 보살마하살이 반드시 능히 부처님의 위신력을 받들고 널리 이 경을 펴서 염부제 중생들을 이익되게 하오리다.』

정자재왕보살이 세존께 아뢰고는 합장 공경하여 절하고 물러갔다.

이때 사방(四方)의 천왕(天王)이 함

께 자리에서 일어나 합장하고 공경스
럽게 부처님께 여쭈었다.

『세존이시여! 지장보살은 오랜 겁으
로 오면서 그와 같은 큰 원을 발하였
는데, 어찌하여 지금에 이르도록 아직
도 중생들을 다 제도하지 못하고 또
광대한 서원을 발하옵니까? 세존이시
여! 원컨대 저희들을 위하여 말씀하여
주소서.』

부처님께서 사천왕에게 말씀하셨다.

『훌륭하고 훌륭하도다. 내 이제 그
대들과 미래 현재의 하늘과 인간 무
리들에게 널리 이익을 주기 위하여
지장보살이 사바세계 염부제 안에 있
는 생사의 길에서 자비로 일체의 죄

고 중생을 구제하고 해탈시키는 방편에 대하여 말하리라.』

사천왕이 부처님께 말씀드렸다.

『그렇게 하여 주옵소서. 세존이시여! 기꺼이 듣겠사옵니다.』

부처님께서 말씀하셨다.

『지장보살이 오랜 겁으로 오면서 오늘에 이르기까지 중생들을 제도하여 해탈시켜 오지만, 아직도 그 원을 다 마치지 못하였느니라.

이 세계의 죄고(罪苦) 중생을 사랑하고 가엾게 여겨, 미래의 무량겁으로 업의 인(因)이 이어져 끊이지 않음을 너무나 많이 보게 되므로 또 거듭 원을 발하느니라. 이러한 보살은 사바세계 염부제 안에서 백천만억 방편으로 교화하고 있나니라.

사천왕이여! 지장보살은 만약에 살생하는 자를 만나면 묵은 앙화로 단명하게 되는 업보를 말해 주고, 만약에 도둑질하는 자를 만나면 빈궁하여 고초받는 업보(業報)를 말해 주며, 만약에 사음하는 자를 만나면 공작이나 비둘기·원앙새의 업보를 말해 주고, 만약에 사나운 입을 놀리는 자를 만나면 권속과 다투는 업보를 말해 주며, 만약에 훼방하는 자를 만나면 혀가 없는 구창(口瘡) 업보를 말해 주고, 만약에 성내는 자를 만나면 얼굴이 더럽게 찌그러지는 업보를 말해 주며, 만약에 인색하고 간탐하는 자를 만나면 구하는 바가 어긋나는 업보를 말해 주고, 만약에 음식에 절도가 없는 자를 만나면 배고프고 목마르고 목에 병이 나는 업보를 말해 주며, 만약에 사냥을 즐기는 자를 만나면 놀라고 미쳐서 목숨을 잃는 업보를 말해 주고, 만약에 부모의 뜻을 어기고 행패를 부리는 자를 만나면 천재지변으로 죽게 되는 업보를 말해 주며, 만약에 산이나 숲에 불지르는 자를 만나면 미쳐서 헤매다가 죽게 되는 업보를 말해 주고, 만약에 전후(前後) 부모에게 악독하게 하는 자를 만나면 내생에 바꿔 태어나서 매맞는 업보를 말해 주며, 만약에 그물로 작은 새들을 사로잡는 자를 만나면 골육간에 이별하는 업보를 말해 주고, 만약에 삼보를 헐뜯어 비방하는 자를 만나면 눈멀고 귀먹고 벙어리 되는 업보를 말해 주며, 만약에 불법을 가벼이 여기고 그 가르침을 업신여기는 자를 만나면 길이 악도에 처하는 업보를 말해 주고, 만약에 절 재산을 함부로 쓰는 자를 만나면 억겁 동안 지옥에서 윤회하는 업보를 말해 주며, 만약에 청정한 행을 더럽히고 스님을 속이는 자를 만나면 영원히 축생(畜生)으로 있게 되는 업보를 말해 주고, 만약에 끓는 물·불·흉기로 생명을 다치게 하는 자를 만나면 윤회하면서 서로 갚게 되는 업보를 말해 주며, 만약에 계율을 파하고 재(齋)를 범하는 자를 만나면 새나 짐승이 되어 굶주리는 업보를 말해 주고, 만약에 재물을 옳지 않게 헐어 쓰는 자를 만나면 구하는 바가 막히고 끊어지는 업보를 말해 주며, 만약에 아만이 높은 자를 만나면 미천한 종이 되는 업보를 말해 주고, 만약에 두 말로 이간질하여 싸움을 붙이는 자를 만나면 혀가 없든지 혀가 여럿이 되는 업보를 말해 주며, 만약에 소견이 삿된 자를 만나면 변방(邊方)에 태어나는 업보를 말해 주느니라.

지장보살은 이와 같은 염부제 중생들이 몸과 입과 뜻으로 짓는 악업의 결과로 받게 되는 백천 가지 응보를 이제 대강 말하였거니와, 그러한 염부제 중생들이 지은 죄업으로 받는 가지가지 차별을 따라 지장보살은 백천 방편으로 교화하고 있건만, 이런 중생들은 먼저 이 같은 업보를 받고 뒤에는 지옥에 떨어져 여러 겁이 지나가도 벗어날 기약이 없느니라. 이런 까닭으로 그대들은 사람을 보호하고 나라를 지키어서 이 모든 중생들이 다른 중생들을 미혹하지 말도록 하라.』

사천왕이 이 말씀을 듣고는 눈물을 흘리며 슬피 탄식하면서 합장하고 물러갔다.

第五. 지옥명호품(地獄名號品)
【지옥의 명호】

이때 보현(普賢)보살마하살이 지장보살에게 말씀드렸다.

『인자시여! 원컨대 천룡팔부와 미래 현재의 일체중생을 위하여 사바세계 염부제의 죄고 중생이 업보(業報)를 받는 지옥의 이름과 악독한 과보들을 말씀하여, 미래세의 말법 중생들로 하여금 그 과보를 알게 하여 주소서.』

지장보살이 말씀하셨다.

『인자시여! 내가 이제 부처님의 위신력과 대사(大士)의 힘을 받들고, 지옥의 이름과 죄보에 대하여 간략히 말하리다.

인자시여! 염부제의 동쪽에 산이 있는데 이름을 철위(鐵圍)라 하며, 그 산은 어둡고 깊어서 해와 달의 빛이 없습니다.

여기에 큰 지옥이 있는데 이름이 극무간(極無間)이고, 또 지옥이 있는데 이름이 대아비(大阿鼻)이고, 또 지옥이 있는데 이름이 사각(四角)이고, 또 비도(飛刀)지옥 · 화전(火箭)지옥, 협산(夾山)지옥 · 통창(通槍)지옥 · 철거(鐵車)지옥 · 철상(鐵床)지옥 · 철우(鐵牛)지옥 · 철의(鐵衣)지옥 · 천인(千刃) 지옥 · 철려(鐵驢)지옥 · 양동

(洋銅)지옥 · 포주(抱柱)지옥 · 유화
(流火)지옥 · 경설(耕舌)지옥 · 좌수
(座首)지옥 · 소각(燒脚)지옥 · 담안
(啗眼)지옥 · 철환(鐵丸)지옥 · 쟁론
(諍論)지옥 · 철수(鐵銖) 지옥 · 다진
(多嗔)지옥이 있습니다.』

지장보살이 또 말씀하셨다.

『인자시여! 철위산 내에는 이외에
도 이런 지옥들이 수도 없이 있습니
다. 규환(叫喚)지옥 · 발설(拔舌)지옥
· 분뇨(糞尿)지옥 · 동쇄(銅鎖)지옥 ·
화상(火象)지옥 · 화구(火狗)지옥 · 화
마(火馬)지옥 · 화우(火牛)지옥 · 화산
(火山)지옥 · 화석(火石)지옥 · 화상(火
床) 지옥 · 화량(火梁)지옥 · 화응(火

鷹)지옥 · 거아(鋸牙)지옥 · 박피(剝皮)지옥 · 음혈(飮血)지옥 · 소수(燒手)지옥 · 소각(燒脚)지옥 · 도자(倒刺)지옥 · 화옥(火屋)지옥 · 철옥(鐵屋)지옥 · 화랑(火狼)지옥 등이 있습니다. 이런 지옥 속에는 각각 또 작은 지옥들이 있는데, 혹은 하나 · 둘 혹은 셋 · 넷 내지 백이나 천이 되기도 하며 그것들의 이름도 각각 다릅니다.

인자시여! 여기에 있는 자는 모두 다 남염부제에서 악한 짓을 한 중생들의 업감으로 이렇게 되는 것입니다.

업의 힘이란 참으로 큰 것이어서 능히 수미산을 대적하며, 능히 큰 바다보다도 깊어서 능히 성도(聖道)를 막아닙니다. 이런 까닭으로, 중생은 비록 작은 악이라도 가볍게 여겨 죄가 되지 않는다고 하지 말아야 합니다.

죽은 후에는 업보가 있어서 털끝만 한 것도 받아 가야 하며, 어버이와 자식이 지친(至親)이지만 가는 길이 각각 다르고 비록 서로가 만나더라도 대신 받을 수 없습니다. 내가 이제 부처님의 위신력을 받들고, 지옥에서 죄보 받는 일을 대략 말하리니, 바라건대 인자는 잠깐만 들으소서.』

보현보살이 대답하셨다.

『내가 삼악도의 죄보를 안 지는 비록 오래되었으나, 인자의 말씀을 바라는 것은 후세 말법시대에 모든 악

행하는 중생들로 하여금 인자의 말
씀을 듣고 불법에 귀의토록 하려는
것입니다.』

지장보살이 말씀하셨다.

『인자시여! 지옥의 과보는 이러합니
다. 어떤 지옥은 죄인의 혀를 빼어 소
로 하여금 갈게 하며, 어떤 지옥은 죄
인의 심장을 빼어 야차가 먹으며, 어
떤 지옥은 펄펄 끓는 가마에 죄인의
몸을 삶으며, 어떤 지옥은 벌겋게 달
은 구리쇠 기둥을 죄인에게 안게 하
며, 어떤 지옥은 맹렬한 불길이 죄인
을 덮치며, 어떤 지옥은 언제나 차디
찬 얼음뿐이며, 어떤 지옥은 한없는
똥·오줌뿐이며, 어떤 지옥은 쇠뭉치

가 날아들며, 어떤 지옥은 불창이 가
득히 모여들며, 어떤 지옥은 몽둥이로
가슴과 등을 때려치며, 어떤 지옥은
손·발을 태우며, 어떤 지옥은 쇠뱀이
칭칭 감으며, 어떤 지옥은 쇠개에게
몰려 쫓기며, 어떤 지옥은 아울러 쇠
나귀에 끌려다니게 합니다.

　인자시여! 이런 등등의 과보를 받는
옥마다 또 백천 가지 형구가 있는데,
그 모두가 구리요 쇠요 돌이요 불 아
닌 것이 없습니다. 이 네 가지 물건은
여러 가지 업에 따라 나타난 것입니다.
　만약 지옥의 죄보에 대한 것을 널리
말하자면, 한 옥마다 다시 백천 가지
고초가 있는데, 하물며 그 많은 지옥

이야 말하여 무얼 하겠나이까. 내가
이제 부처님의 위신력과 인자의 물으
심을 받들어 간략히 말을 하였으나,
만약 널리 해설하려면 겁이 다해도
못다 하리다.』

第六. 여래찬탄품(如來讚歎品)
【부처님께서 찬탄하심】

그때 부처님께서 온몸으로 큰 광명을 놓으시어, 백천만억 항하의 모래수와 같은 모든 부처님 세계를 두루 비추시며, 저 모든 부처님 세계의 보살마하살과 하늘·용·귀신·사람·사람 아닌 온갖 무리들에게 말씀하셨다.

『듣거라! 내 이제 지장보살마하살이 시방세계에서 불가사의한 큰 위신력과 자비의 힘으로써 온갖 괴로움을 구호하는 일을 칭찬하고 찬탄하리라.

내가 멸도에 든 뒤 그대들 모든 보

살마하살과 하늘·용·귀신들은 널리 방편을 지어서 이 경을 지킬 것이며, 일체중생들로 하여금 온갖 괴로움을 여의게 하고 열반락을 얻게 하라.』

이렇게 말씀하시니, 회 중에 있던 보광(普光)보살이 합장하고 공경스럽게 부처님께 아뢰었다.

『지금 세존께서 지장보살에게는 불가사의한 큰 위신력이 있다고 찬탄하셨나이다.

세존이시여! 미래세에 말법시대의 중생을 위하여 지장보살이 인간과 천상(天上)을 이롭게 하는 인과에 대하여 말씀하여 주소서.

그리하여 모든 천·용·팔부와 미래

세 중생으로 하여금 부처님의 말씀을 받아 지니게 하여주소서.』

이때 세존께서 보광보살과 사부대중들에게 말씀하셨다.

『자세히 듣고 자세히 들어라. 내가 마땅히 그대들을 위하여 지장보살이 인간과 천상을 이롭게 하는 복덕에 대하여 간단히 말하리라.』

보광보살이 아뢰었다.

『세존이시여! 기꺼이 듣기를 원하옵니다.』

부처님께서 말씀하셨다.

『미래세에 만약 어떤 선남자 선여인이 이 지장보살의 이름을 듣고 혹 합장하는 자, 예배하는 자, 흠모하는 자는 삼십겁(三十劫) 죄를 벗어나리라.

보광보살이여! 만약 어떤 선남자 선여인이 혹 지장보살의 형상을 그리거나, 혹은 흙·돌·아교·칠·금·은·동·철 등으로 조성하여 한 번이라도 예배하는 자는 백 번을 삼십삼천(三十三天)에 태어나고 영원히 악도에 떨어지지 않으리라.

가사, 천복(天福)이 다하여 인간세상에 하생하더라도 오히려 국왕이 되어 큰 이익을 잃지 않으리라.

만약에 어떤 여인이 여자의 몸을 싫어한다면, 지장보살의 화상이나 흙·돌·아교·칠·동·철 등의 상에 정성을 다하여 공양을 올리되, 날마다

물러서지 않고 항상 꽃과 향·음식·
의복·비단·당번·보물 등으로 올리
면, 이 선여인은 지금의 받은 여자 몸
이 다한 뒤에는 백천만 겁 동안 다시
는 여인이 있는 세계에 태어나지 않
거늘, 하물며 어찌 다시 여자의 몸을
받겠느냐.

다만 자비 원력으로 중생을 제도하
기 위해 짐짓 받는 여자 몸은 말할 것
이 없느니라.

이 지장보살을 공양한 힘과 지장보
살의 공덕을 입은 까닭으로 이 사람
은 백천만 겁토록 다시는 여자 몸을
받지 않으리라.

보광보살이여! 또, 만약 어떤 여인

이 있어 추하고 병이 많은 것을 싫어
한다면 다만 지장보살상 앞에 한 식
경(食頃) 동안을 지극한 마음으로 우
러러 절하더라도 이 사람은 천만 겁
동안에 태어나는 몸이 상모(相貌)가
원만하고 모든 질병이 없을 것이며,
이 여인이 여자 몸을 싫어하지 않는
다면 백천만억 겁 동안에 항상 왕녀
나 왕비가 되고 재상이나 명문가의
딸이 되어 단정하게 태어나고 모든
상이 원만하리라. 지장보살을 지극한
마음으로 우러러 절을 한 까닭으로
이런 복을 얻느니라.

보광보살이여! 또 만약 어떤 선남자
선여인이 능히 지장보살의 상 앞에서

온갖 음악을 지으며 노래 불러 찬탄하고 향과 꽃으로 공양하며, 한 사람에게나 많은 사람에게 이를 권하더라도 이러한 무리는 현세와 미래세에 항상 백천의 귀신들이 밤낮으로 보호하여서 나쁜 일은 귀에도 들리지 않게 할 것인데, 하물며 여러 횡액을 직접 받으랴.

보광보살이여! 또, 미래세에 만약 어떤 악인(惡人)·악선(惡神)·악귀(惡鬼)가 있어서 선남자 선여인이 지장보살에게 귀의하여 공경하고 공양하며 찬탄하고 예배하는 것을 보고서 혹은 망녕되이 꾸짖어 비방하고, 아무 공덕도 이익도 없는 것이라고 하면서

혹은 이빨을 드러내어 비웃고, 혹은
돌아서서는 비난하고, 혹은 남에게 권
하여 함께 비난하고, 혹은 한 사람에
게나 많은 사람에게 비난하여 한 순
간이라도 헐뜯고 비방한다면, 이런 사
람은 현겁(賢劫)의 천불이 멸도하신
뒤까지라도 그 과보로 아비(阿鼻)지옥
에 떨어져 극중한 죄를 받고, 이 겁이
지나서는 겨우 아귀가 되고, 또 천겁
이 지나야 축생이 되고, 또다시 천겁
이 지나서야 비로소 사람의 몸을 얻
게 되느니라.

비록 사람의 몸을 받는다 할지라도
가난하고 미천하며 불구자가 되고, 많
은 악업이 그 몸에 잔뜩 맺혀서 머지

않아 또다시 악도에 떨어지느니라.

보광보살이여! 다른 사람이 공양 올리는 것을 헐뜯고 비방하여도 이런 과보를 받거늘, 하물며 어찌 다른 악한 마음을 내어서 훼방하고 없애는 사람이야 더 말할 것이 있겠느냐.

보광보살이여! 또, 만약 미래세에 어떤 남자나 여인이 오래 병상에 누워서 살고자 하여도 죽으려 하여도 마음대로 되지 않고, 혹은 꿈속에 악귀나 집안 친족과 험한 길을 헤매며, 혹은 도깨비에 홀리고 귀신과 함께 놀고 하여 세월이 감에 따라 점점 몸이 야위어져 자면서도 처참하게 소리치며 괴로워하는 자는 그 이유가 다

업도에서 죄의 경중을 결정하지 못하여서 죽기도 어렵고 나을 수도 없게 된 것이니, 남녀의 속된 눈으로는 판단할 수 없느니라.

이러할 때는, 다만 모든 불·보살의 상 앞에서 이 경을 높은 소리로 한 번이라도 읽고, 또는 병자가 아끼는 물건이나 의복이나 보배나 정원이나 사택 등을 놓고서 그 병자 앞에서 높은 소리로 외치되, '저희들은 병자를 위해서 경전과 불상을 모신 앞에 이 재물을 바치는데, 혹은 경과 불상에 공양하고, 혹은 불·보살님의 형상을 조성하고, 혹은 탑이나 절을 짓고, 혹은 등불을 켜고 혹은 절에 시주합니다.'

라고 이렇게 세 번을 말하여 병자가 알아듣도록 하라.

가사, 병자가 모든 의식이 흩어지고 기진이 다한 자라도 하루나 이틀·사흘·내지 이레 동안만 고성으로 그렇게 말해 주고 고성으로 독경하면, 이 사람은 목숨이 다한 다음에 과거세의 허물과 중죄로 오무간지옥에 가게 되었더라도 영원히 해탈하고 나는 곳마다 항상 숙명을 알 것인데, 하물며 선남자 선여인이 스스로 이 경을 쓰고 혹은 남에게 쓰게 하고, 혹은 스스로 보살의 형상을 조성하고 그리며, 혹은 남에게 조성하고 그리게 한다면, 받게 되는 과보가 얼마나 크겠는가?

이러하므로 보광보살이여, 만약 어떤 사람이 이 경을 독송하고 한 생각 동안이라도 이 경을 찬탄하며 혹은 이 경을 공경하는 자를 보거든 그대는 꼭 백천 방편으로 이들에게 권하여서 정근하는 마음이 물러나지 않도록 하라.

그러면 능히 미래와 현재에 백천만억의 불가사의한 공덕을 얻게 되리라.

보광보살이여! 또, 만약 미래의 세상에 모든 중생들이 꿈이나 잠결에 귀신들의 여러 형상이 나타나 혹은 슬퍼하고 혹은 울며, 혹은 근심하고 혹은 탄식하며, 혹은 두려워 떠는 것을 보게 됨은 이는 모두 다 한생(一

生)이나 십생(十生)·백생·천생의 과
거세의 부모·형제자매·부부·권속
들이 악도에서 벗어나지 못하여 복력
으로 구원을 얻을 희망이 없으므로
할 수 없이 숙세(宿世) 혈육에게 호소
하여 벗어나기를 원하는 것이니라.

보광보살이여! 그대는 신력으로 너
의 권속들을 보내어 모든 불·보살의
상 앞에 지극한 마음으로 이 경을 읽
게 하고 혹은 사람을 청하여 읽게 하
여서 세 번이나 일곱 번을 읽으면, 그
악도의 권속들이 경 읽는 소리를 듣
고 편수를 마치면 바로 해탈하고, 꿈
이나 잠결에도 귀신들이 다시는 나타
나지 않으리라.

보광보살이여! 또 미래세에 어떤 미천한 사람들이, 혹은 노비(奴婢)나 부자유한 사람들이 숙세의 업보인 것을 깨닫고 참회하고자 하거든 지극한 마음으로 지장보살의 형상을 우러러 절하면서 칠일 동안 보살의 명호를 염하여 만 번을 채워야 하느니라.

그러면 그들의 업보가 다한 뒤에는 천만생 동안에 항상 존귀하게 태어나고 다시는 삼악도의 고통을 겪지 않으리라.

보광보살이여! 또, 만약 미래세 중에 염부제 안에 사는 찰리족이나 바라문·장자·거사나 다른 종족의 어떤 사람이든 갓난 아기가 있다면 남자든 여자든 칠일 안으로 이 불가사의한 경전을 읽어 주고 또 보살의 명호를 염하여 만 번을 채워 주면, 이 아기에게 있던 숙세의 몹쓸 죄보가 풀어지고 안락하게 잘 자라며 수명도 더 늘게 되리라.

만약 복을 타고난 아기라면 더욱 안락하고 수명도 더하게 되리라.

보광보살이여! 또, 미래세의 중생은 달마다 1일·8일·14일·15일·18일·23일·24일·28일·29일·30일에는 모든 죄를 모아 그 경중을 정하느니라.

남염부제의 중생으로서 몸을 움직이고 생각하는 것이 업 아닌 것이 없고 죄 아닌 것이 없거늘, 하물며 어찌 뜻대로 살생하고 도둑질하며 사음하고 거짓말하는 백천 가지 죄상(罪狀)이랴.

만약 능히 이 십재일(十齋日)에 불·보살님과 모든 성현의 상 앞에서 이 경을 한 번 읽으면, 동서남북 백유순(白由旬) 안에서는 모든 재난이 없어지고 그가 사는 집안의 어른이나 아이들이 현재와 미래의 백천 세에 영원히 악도를 떠날 것이며, 이 십재일마다 한 번씩 읽으면 현재의 그 집안에 모든 횡액이나 질병이 없어지고 의식이 풍족하리라.

이러하므로 보광보살이여! 지장보살에게는 말로 표현할 수도 없는 백천만억의 대위신력의 이익되는 일이 있다는 것을 마땅히 알지니라.

염부제의 중생은 이 대사와 큰 인연이 있나니, 이 중생들이 보살의 이름을 듣고 보살의 형상을 보며, 이 경에 석자·다섯자 혹은 한 게송·한 글귀라도 듣는 자는 현재에 아주 안락하고 닥쳐오는 미래세의 백천만 생을 항상 존귀한 가문에 태어나 단정한 몸을 받으리라.』

이때 보광보살이 부처님께서 지장보살을 찬탄하시는 것을 듣고는 무릎 꿇어 합장하고 다시 부처님께 여쭈었다.

『세존이시여! 저는 이 대사께서 지

닌 불가사의한 신력과 큰 서원력을 알게 된 지는 오래되오나 미래 중생에게 알려서 이익을 주기 위하여 짐짓 부처님께 여쭈었나이다. 세존이시여! 이 경의 이름을 무엇이라 하오며, 저희가 어떻게 유포하오리까?』

부처님께서 보광보살에게 이르셨다.

『이 경은 이름이 셋이니라. 하나는 지장본원(地藏本願)이며, 하나는 지장본행(地藏本行)이고, 하나는 지장본서력경(地藏本誓力經)이니라.

이 지장보살이 오랜 겁으로 내려오면서 중대한 서원을 발하고 중생에게 이익을 주어 왔으니, 이런 까닭으로 그대들은 이 원에 따라 유포하도록 하라.』

　보광보살이 부처님의 말씀을 깊이 새겨듣고는 합장하여 공경스럽게 예배하고 물러갔다.

第七. 이익존망품(利益存亡品)
【죽은 이와 산 사람을 함께 이익되게 함】

그때 지장보살이 부처님께 아뢰었다.

『세존이시여! 제가 이 염부제의 중생을 살펴보니 몸을 움직이고 생각하는 것이 죄 아님이 없나이다.

혹 훌륭한 이를 만나더라도 대개가 처음 마음먹은 대로 하지 못합니다. 만약 악한 인연을 만나면 생각생각에 나쁜 것을 더하기만 합니다. 이런 무리들은 마치 무거운 돌을 지고 진흙 길을 걷는 것과 같아서, 갈수록 지치

고 무거워져 발은 더 깊숙이 죄의 진
흙탕에 빠져들어 갈 것입니다.

다행히 선지식을 만나게 되면 그 짐
을 덜어서 져다 주기도 하며 혹은 짐
을 모두 져 주기도 합니다. 이는 선지
식에게 큰 힘이 있기 때문이옵니다.

그리고 또 서로 붙들어 도와서 다리
를 튼튼하게 해 주며, 평지에 이르게
되면 나쁜 길을 살펴보아 다시는 지
나가지 않도록 하여 줍니다.

세존이시여! 악을 익힌 중생은 하찮
은 것에서 문득 한량없는 죄를 저지
르고 맙니다. 이런 악습이 있는 중생
들이 임종할 때는 그 남녀 권속들이
그를 위하여 복을 닦아 앞길을 도와

주되, 혹은 깃발을 달고 등불을 밝히
며, 혹은 존중한 경을 읽어 주고, 혹
은 불상과 성상(聖像)에 공양하며, 이
와 같이 부처님과 보살·벽지불을 염
하되, 한 분의 명호를 한 번 부르더라
도 임종하는 사람의 귀에 들리게 하
고 혹은 본식(本識)에 듣게 하면, 그
런 중생들이 지은 악업으로서는 반드
시 나쁜 곳에 떨어질 것이로되, 그 권
속들이 임종하는 사람을 위해 성스러
운 인(因)을 닦았으므로 그러한 모든
죄가 다 소멸되옵니다.

만약 그가 죽은 뒤 칠칠일[四十九
日] 안에 다시 여러 가지 좋은 공덕을
지어주면, 능히 그 중생으로 하여금

영원히 나쁜 곳을 떠나게 하고, 인간이나 천상에 태어나 수승한 낙을 받게 하며, 현재의 권속들도 이익이 한량없사옵니다.

이런 까닭으로 제가 이제 부처님을 모시고 하늘·용·팔부와 인·비인 등에 대하여 염부제 중생들이 임종하는 날 삼가 살생하지 말고, 악연을 짓지 말며, 귀신이나 도깨비들에게 제사지내고 절하여 구하지 말도록 권하여 주시기 바라옵니다.

왜냐하면, 저 산목숨을 죽이거나 귀신에게 제사 지내는 것으로는 털끝만큼도 망인을 이롭게 하는 힘이 없을 뿐더러, 죄연(罪緣)만 맺어서 더욱더 깊고 무겁게 하기 때문입니다.

가사, 내세나 현재 생에 성스러운 연분을 얻게 되어 인간이나 천상에 태어나게 되었더라도 임종할 때에 그 권속들이 악을 지으면 그 원인으로 이 죽는 사람에게 몹쓸 누가 되어서 좋은 곳에 태어남이 적어지거늘, 더구나 임종하는 사람이 생전에 일찍이 자그마한 선근도 없었다면 본래 지은 업에 따라 스스로 악도를 받아 갈 것인데, 어찌 차마 권속들이 다시 그의 업을 더하게 하오리까.

비유하자면, 어떤 사람이 먼 곳에서 오는데 굶은 지 사흘이 되고 짊어진 물건은 백 근이 넘는데, 우연히 이웃 사람을 만나 또 작은 물건이라도 덧붙인다면, 이래서 더욱 지쳐버리는 것과 같나이다.

세존이시여! 제가 보아하니 염부제 중생이 오직 모든 부처님의 가르침 가운데서 착한 일을 한 터럭·한 물방울·한 모래알·한 티끌만큼만 하였더라도 이로 인한 이익은 모두 다 자기가 얻게 되옵니다.』

이 말을 할 때, 회중에 한 장자가 있었으니 이름을 대변(大辯)이라 하였다.

이 장자는 오래전에 무생(無生)을 증득하고 시방 중생을 교화하느라고 장자의 몸을 나투었는데, 합장하고 공경스럽게 지장보살께 여쭈었다.

『지장보살이시여! 이 남염부제의 중생이 명을 마친 뒤에 그의 권속들이 공덕을 닦거나 재를 베풀어 여러 가지 좋은 인연을 맺어 주면 죽은 사람이 큰 이익을 얻어 해탈케 되나이까?』

지장보살이 대답하였다.

『장자여! 내가 이제 미래와 현재의 모든 중생을 위하여 부처님의 위신력을 받들어서 그것을 좀 말하오리다.

장자여! 미래 현재의 모든 중생들이 임종할 때에 한 부처님의 명호나 한 보살님의 명호나 한 벽지불의 명호만 들어도 죄가 있고 없고를 묻지 아니하고 모두 해탈하게 됩니다.

만약에 어떤 남자나 여인이 살아 있을 적에 착한 인연을 닦지 않고 여러 가지 죄만 많이 지었더라도, 명을 마친 뒤에 대소 권속들이 그를 위해 온갖 거룩한 일을 닦아 복되게 하여 주면, 그 공덕의 7분의 1은 망인이 얻고 나머지 공덕은 산 사람의 이익이 됩니다.

이러하므로, 미래와 현재의 선남자·선여인들은 이 말을 굳게 듣고 스스로 닦아야 그 공덕의 전부를 얻게 됩니다.

죽음의 귀신이 기약 없이 닥쳐오면, 어둠 속을 헤매는 혼신이 자신의 죄와 복을 알지 못하고 사십구일 동안을 바보처럼 귀머거리처럼 되었다가, 중생의 죄업을 심판하는 곳에서 그의 업과(業果)를 변론하고 결정한 뒤에야 그의 업대로 다시 태어나게 됩니다.

앞길을 예측할 수 없는 그사이에도 근심과 고통이 천만 가지가 되는 것인데, 하물며 저 악도에 떨어졌을 때의 고통은 어떠하오리까?

이 명을 마친 사람이 아직 새로운 생을 받지 못하는 사십구일 동안에는 생각생각에 혈육 권속들이 그를 위해 복을 지어 고통에서 구원하여 주기를 바라다가 사십구일이 지나면 마침내 업에 따라 과보를 받게 됩니다.

만약 그가 죄인이라면 천년만년을

지나도 해탈할 날이 없을 것이요, 만약 무간죄를 지어서 대지옥에 떨어진다면 천겁만겁토록 길이 온갖 고통을 받게 됩니다.

장자여! 또, 이러한 죄업 중생들이 명을 마친 뒤에 혈육 권속들이 망자를 위해 재를 베풀어 가는 길을 도와주되, 아직 재식을 마치기 전이나 재를 마련할 적에 쌀뜨물이나 채소 찌꺼기 등을 함부로 땅에 버리지 말고, 모든 음식을 부처님과 스님께 올리기 전에 먼저 먹지 말아야 합니다.

만약에 이를 어겨 먼저 먹거나 정근치 않으면, 이 망자는 결국에 복력을 얻지 못하게 됩니다.

그러나 만약 정성스럽고 깨끗하게 부처님과 스님께 받들어 올리면 이 망자가 그 공덕의 7분의 1을 얻게 됩니다.

장자여! 이러하므로, 염부제의 중생이 능히 그 부모나 권속을 위하여 목숨이 다한 뒤에 재를 베풀어 공양하되, 지극한 마음으로 정성껏 하면 죽은 사람도 산 사람도 다 함께 이익을 얻게 됩니다.』

이 말씀을 할 때, 도리천궁에 있던 천만억 나유타의 염부제 귀신들이 모두 다 한량없는 보리심을 발하였고, 대변장자는 가르침을 받들고 기뻐하면서 절을 하고 물러갔다.

第八. 염라왕중찬탄품(閻羅王衆讚歎品)
【염라왕들을 찬탄하시다】

그때 철위산 속에 있는 한량없는 귀왕(鬼王)들이 염라천자(閻羅天子)와 더불어 함께 도리천에 올라와 부처님 처소에 이르렀다.

이를테면 악독(惡毒)귀왕, 다악(多惡)귀왕·대쟁(大諍)귀왕·백호(白虎)귀왕·혈호(血虎)귀왕·적호(赤虎)귀왕·산앙(散殃)귀왕·비신(飛身)귀왕·전광(電光)귀왕·랑아(狼牙)귀왕·천안(千眼)귀왕·담수(噉獸)귀왕·부석(負石)귀왕·주모(主耗)귀왕·주화

(主禍)귀왕·주복(主福)귀왕·주식(主食)귀왕·주재(主財)귀왕·주축(主畜)귀왕·주금(主禽)귀왕·주수(主獸)귀왕·주매(主魅)귀왕·주산(主産)귀왕·주명(主命)귀왕·주질(主疾)귀왕·주험(主險)귀왕·삼목(三目)귀왕·사목(四目)귀왕·오목(五目)귀왕·기리실왕(祁利失王)·대기리실왕(大祁利失王)·기리차왕(祁利叉王)·대기리차왕(大祁利叉王)·아나타왕(阿那吒王)·대아나타왕(大阿那吒王) 같은 이런 대귀왕들이 각각 백천의 작은 귀왕들을 데리고 모두 염부제에 살면서 각각 맡은 소임이 있고 각기 머무는 곳이 따로 있었다.

이 모든 귀왕들이 염라천자와 더불어 부처님의 위신력과 지장보살의 거룩한 힘을 받들어 함께 도리천에 올라와 한쪽에 서 있었다.

이때 염라천자가 무릎을 꿇어 합장하고 부처님께 여쭈었다.

『세존이시여! 저희들이 이제 모든 귀왕들과 더불어 부처님의 위신력과 지장보살마하살의 신력을 받들고 이 도리천궁의 큰 법회에 오게 된 것은 역시 저희들도 좋은 이익을 얻기 위해서입니다. 저희가 이제 조금 의심되는 일이 있어서 세존께 감히 여쭈오니, 자비로써 저희를 위해 말씀하여 주옵소서.』

부처님께서 염라천자에게 말씀하셨다.

『그대는 마음대로 물으라.』

이때 염라천자가 세존을 우러러 예배드리고는 지장보살을 돌아보고 부처님께 아뢰었다.

『세존이시여! 제가 지장보살을 살펴보니 육도 중에 계시면서 백천 가지 방편으로 고통받는 중생들을 제도하시면서 피로도 괴로움도 마다하지 않으십니다. 이 대보살에게는 이와 같은 불가사의한 신통력이 있사오나, 모든 중생들은 잠시 그 죄보에서 벗어났다가는 오래지 않아 또 악도에 빠지나이다.

세존이시여! 이 지장보살에게는 이미 그런 불가사의한 신통력이 있는데도, 어찌하여 중생들은 선도(善道)에 의지하여 영원한 해탈을 얻지 못하옵니까?

세존이시여! 저를 위하여 해설하여 주옵소서.』

부처님께서 말씀하셨다.

『남염부제 중생은 그 성품이 억세고 거칠어서 조복하기가 어렵고 어려워도 이 대보살이 백천 겁으로 그런 중생들을 하나하나 구해 내어 일찍 해탈토록 하고 있느니라.

그러한 죄인들을 모진 악도에 떨어진 자까지도 보살이 방편력으로 그들의 근본 업연에서 구출하여 과거세의 일을 깨닫게 해 주건만, 이 염부제 중생들은 스스로 악습에 젖음이 중하여 금방 나왔다가는 들어가곤 하여서 이 보살이 수고롭게도 여러 겁으로 오래 제도하여야 해탈을 얻느니라.

비유하자면 어떤 사람이 잘못하여 본집을 잃고 험한 길로 들었는데, 그 길에는 여러 야차와 호랑이·사자·독사들이 있어서, 그 사람이 이 길에 들어서자마자 저 여러 독물과 곧 마주치게 되었느니라.

그때 한 선지식이 있어서 큰 술법을 많이 알고서 저런 독물을 잘 막아 낼 수 있는 분이었는데, 갑자기 미력한 사람이 그 험한 길로 가고자 하는 것을 보고 이 선지식이 말하였느니라.

"이 딱한 사람아! 어쩌자고 이런 길로 들어섰는가? 무슨 기이한 술법이라도 있어서 저 모든 독물을 막아낼 수 있다는 말인가?"

그 사람이 이 말을 듣고서야 비로소 험로(險路)임을 깨닫고 곧 물러서며 여기서 벗어나고자 하였느니라.

이때 그 선지식이 손을 잡고 이끌어 독물을 막으며 좋은 길로 인도하여 안전하게 해 주고는 또 말하였느니라.

"어리석은 사람아, 이다음부터는 저 길을 절대 밟지 마라. 이 길에 들어가면 좀처럼 벗어날 수 없고, 게다가 목숨을 잃게 되느니라."

길을 잃었던 사람은 감동하였느니라. 서로 작별할 때에 선지식이 또 말하였느니라.

"만약 모든 길 가는 사람을 보거든 친지거나 아니거나, 남자든 여자든 간에 저 길에는 여러 가지 사나운 독물이 많아서 목숨을 잃게 된다고 말해주어 그들이 스스로 죽음을 취하지 않도록 하시오."

이렇게 지장보살이 대자대비를 갖추어 죄고 중생을 구출하여 천상이나 인간에 태어나게 하고 묘락을 누리게 하여 주면, 그들이 업도의 괴로움을 알고서 악도에서 벗어나 다시 겪어가지 않는 것은, 저 길 잃은 사람이 험로에 잘못 들어갔다가 선지식을 만나 이끌려 나오게 되어 다시는 들어가지 않는 것과 같고, 또 다른 사람을 만나서도 들어가지 말도록 권하면 자연히 이 미력한 것으로 인하여 해탈케 되고 다시는 악도에 들어가지 않는 것과 같으니라.

만약 거듭 그 길을 밟는다면, 아직도 미혹하여 옛적에 빠졌던 험로임을 깨닫지 못하고서 혹은 목숨을 잃기도 하나니, 마치 악도에 떨어진 중생을 지장보살이 방편력으로 해탈케 하여 인간이나 천상에 태어나게 하여도 얼른 또다시 악도에 들어가는 것과 같으니라.

만약 업이 중하게 맺혔다면 길이 지옥에 빠지게 되어 벗어날 때가 없으리라.』

이때 악독귀왕이 합장하고 공경스럽게 부처님께 아뢰었다.

『세존이시여! 저희들 귀왕은 그 수가 한량없사옵니다.

염부제에 있으면서 혹은 사람에게 이익을 주기도 하고 혹은 사람에게 손해를 끼치기도 하여 각각 다른 것은 저희들의 업보로 그러하옵니다.

제가 권속들을 시켜 세계를 돌아다니게 하여 보면 악한 것이 많고 선한 것은 적사옵니다.

사람의 가정이나 혹은 성읍·마을·
장원(莊園)·주택을 지나다가, 혹 어
떤 남자나 여인이 터럭만큼이라도 착
한 일을 하는 것을 보면, 이를테면 불
법을 찬양하는 깃발이나 일산을 달든
지, 약간의 향과 꽃을 불·보살상 앞
에 올리든지, 혹은 존중한 경전을 독
송하면서 한 글귀·한 게송에 향을
사루어 모시든지 하는 것만 보아도,
저희들 귀왕은 이 사람에게 경례하옵
기를 과거·현재·미래의 모든 부처
님과 같이하옵니다.

또한 큰 힘이 있거나, 토지를 맡은
작은 귀신들로 하여금 이들을 보호토
록 하여 몹쓸 횡액과 모진 병과 뜻과

같잖은 일들이 그 집에 얼씬 못하게 할 것인데, 하물며 그 집안에 들게 하리까?』

부처님께서 귀왕을 찬탄하셨다.

『착하고 착하도다. 그대들이 염라천자와 더불어 능히 그렇게도 선남자 선여인을 옹호한다니 나도 역시 범왕(梵王) 제석(帝釋)에게 일러서 그대들을 보호토록 하리라.』

이 말씀을 하실 때, 회중에 있던 주명(主命)이라는 귀왕이 부처님께 아뢰었다.

『세존이시여! 저는 본 업연으로 염부제 사람의 수명을 맡았나이다. 날 때나 죽을 때를 제가 모두 주관하옵니다. 저의 본원(本願)으로는 저 들을 매우 이롭게 하려는 것이오나, 중생들은 제뜻을 알지 못하고 나고 죽으면서 모두 편안함을 얻지 못하나이다.

이 염부제 사람들이 처음 태어날 때 남녀를 가리지 않고 출산할 즈음에 착한 일만 하여 집 안을 더 이롭게 하면 자연히 토지신이 한없이 기뻐하면서 아기와 어머니를 옹호하여 아주 평안토록 하고 권속들도 함께 이롭게 하나이다.

낳은 뒤에는 삼가 살생을 말아야 함에도 여러 가지 비린 것을 장만하여 산모에게 먹이며, 또 권속들이 모여 술을 마시고 고기를 먹으며 노래 부르고 풍악에 잡혀 즐긴다면, 모자(母子)로 하여금 편안치 못하게 하는 것이 되옵니다.

왜냐하면, 해산할 때면 무수한 악귀와 도깨비들이 비린내 나는 피를 먹으려 하는 것을 제가 사택(舍宅) · 토지의 신들로 하여금 모자를 잘 돌보게 하여서 편안케 해 주나이다.

그 사람들이 안락한 것을 보고서는 마땅히 복을 베풀어 토지신들에게 보답해야 할 터인데, 도리어 산목숨을 죽여서 권속들이 잔치를 벌이오니, 이로써 재앙을 스스로 범하고 받으며 모자에게도 함께 손해를 끼치게 되옵니다.

또 염부제에서 임종(臨終)하는 사람이면 선악을 묻지 않고 악도에 빠지지 않도록 제가 애를 쓰고 있사온데, 하물며 스스로 선근(善根)을 닦는다면 저의 힘을 도와주는 사람이 되오니 어찌 다행이 아니오리까.

이 염부제에서는 선행을 하였다는 사람이 임종할 때도 역시 백천이나 되는 악독한 귀신들이 혹 부모나 권속으로 둔갑하여 나타나 망인을 악도에 빠지게 하거늘, 하물며 본래부터 악을 지은 자이리까.

세존이시여! 이러한 염부제의 남자나 여인이 임종할 때에 정신이 아득하여 선악을 분간하지 못하고, 눈과 귀로는 전혀 보고 듣지 못하나이다.

이러하므로, 그 권속들은 꼭 큰 공양을 베풀고 존중한 경을 읽으며 불·보살의 명호를 염하여야 하옵니다.

이러한 좋은 인연은 능히 망자로 하여금 모든 악도를 여의케 하고 모든 마귀신(魔鬼神)을 흩어지게 하나이다.

세존이시여! 일체중생이 임종할 때, 만약 한 부처님의 명호나 한 보살님의 명호만 들어도, 혹은 대승경전의 한 귀절 한 게송만 들어도, 제가 보니 이런 사람들은 오무간지옥에 갈 살생죄도 없어지고, 소소한 악업으로써 악도에 떨어질 자는 바로 해탈케 되나이다.』

부처님께서 주명귀왕에게 이르셨다.
『그대는 크게 자비하여 능히 그러한 큰 원을 세우고, 나고 죽는 곳에서 모든 중생을 보살피는구나. 만약 미래세에 어떤 남자나 여인이 나고 죽고 할 때에 그대는 그 서원을 저버리지 말고 모두를 해탈시켜 길이 안락하도록 하라.』

귀왕이 부처님께 말씀드렸다.
『바라옵건대, 염려하지 마옵소서. 제가 이 몸이 다하도록 생각생각에 염부제 중생들을 옹호하여 살아있을 때나 죽을 때에 모두 안락을 얻게 하오리다.

다만 그들이 제 말을 믿고 받아, 모

두들 해탈하여서 큰 이익을 얻는 것만이 제 소원이옵니다.』

이때 부처님께서 지장보살께 말씀하셨다.

『수명을 맡은 이 대귀왕은 이미 백천 생을 지내면서 대귀왕이 되어 나고 죽는 곳에서 중생을 옹호하고 있지만, 이는 보살이 자비 원력으로 대귀왕의 몸을 나타낸 것이요 실은 귀왕이 아니니라.

앞으로 일백칠십 겁을 지나서 이 대귀왕은 성불할 것이며, 명호를 무상여래(無相如來)라 하고 겁의 이름은 안락이며, 세계의 이름은 정주(淨住)이고 그 부처님 수명은 헤아릴 수 없는 겁이 되리라.

　지장보살이여! 이 대귀왕의 일이 이
렇게 불가사의하고, 그가 제도한 천상
사람과 세간 사람도 가히 한량이 없
느니라.』

第九. 칭불명호품(稱佛名號品)
【부처님의 명호를 일컬음】

그때 지장보살마하살이 부처님께 아뢰었다.

『제가 지금 미래 중생을 위해서 이익될 일을 말씀드려 생사고해 중에서 큰 이익을 얻게 하고자 하오니, 세존께서는 허락하여 주시옵소서.』

부처님께서 말씀하셨다.

『그대가 이제 자비심을 일으켜 육도의 모든 고통받는 중생을 건져 내려고 불가사의한 일을 말하고자 하는구나. 지금이 바로 그때로다. 마땅히 어서 설할지니라. 나는 곧 열반하리니, 그대의 그 원을 빨리 마치게 하면 나도 또한 현재와 미래의 일체중생에게 근심이 없게 되리라.』

지장보살이 말씀드렸다.

『세존이시여! 과거 한량없는 아승지 겁에 부처님이 세상에 출현하셨으니 호를 무변신(無邊身)여래라 하였사옵니다.

만약 어떤 남자나 여인이 이 부처님 명호를 듣고 잠시 동안 공경심을 낸다면 바로 사십(四十) 겁의 생사중죄(生死重罪)를 벗어나게 되옵거든, 하물며 그 부처님의 형상을 그리거나 만들어 공양하고 찬탄하여 얻은 복이 어찌 한량없고 가이없는 복을 얻지 않겠습니까.

또 과거 항하의 모래 수와 같은 겁 전에 부처님이 세상에 출현하셨으니 호를 보승(寶勝)여래라 하였사옵니다.

만약 어떤 남자나 여인이 이 부처님 명호를 듣고 손가락 한 번 튕기는 사이라도 귀의하는 마음을 낸다면, 이 사람은 무상도(無上道)에서 길이 퇴전치 않으리다.

또 옛적에 부처님께서 세상에 출현하셨으니 호를 파두마승(波頭摩勝)여래라 하였사옵니다.

만약 어떤 남자나 여인이 이 부처님 명호를 들어서 귀를 거치게 되면, 이 사람은 마땅히 육욕천(六欲天)에 천 번을 태어날 것인데, 하물며 지극한 마음으로 염불함이리까.

또 과거 말로 할래야 할 수도 없는 아승지겁 전에 부처님이 세상에 출현 하셨으니 호를 사자후(獅子吼)여래라 하였사옵니다.

만약 어떤 남자나 여인이 이 부처님 명호를 듣고 일념으로 귀의하면, 이 사람은 한량없는 여러 부처님을 만나서 마정수기(摩頂授記)를 얻게 되옵니다.

또 과거세에 부처님이 계셔서 세상에 출현하셨으니 호를 구류손불(拘留孫佛)이라 하였사옵니다.

만약 어떤 남자나 여인이 이 부처님

명호를 듣고 지극한 마음으로 우러러 예배하고 더구나 또 찬탄한다면, 이 사람은 현겁(賢劫)의 천불회상에서 대범천(天)왕이 되어 으뜸가는 수기를 받을 것이옵니다.

또 과거세에 부처님이 계셔서 세상에 출현하셨으니 호를 비바시불(毗婆尸佛)이라 하였사옵니다.

만약 어떤 남자나 여인이 이 부처님 명호를 들으면 길이 악도에 떨어지지 않고 항상 인간이나 천상에 태어나 아주 묘한 낙을 누리게 되옵니다.

또 과거 무량 무수한 겁에 부처님께서 세상에 출현하셨으니 호를 다보(多寶)여래라 하였사옵니다.

만약 어떤 남자나 여인이 이 부처님 명호를 들으면 끝내 악도에 떨어지지 않고 항상 천상에 있으면서 아주 수승한 낙을 누리게 되옵니다.

또 과거세에 부처님이 계셔서 세상에 출현하셨으니 호를 보상(寶相)여래라 하였사옵니다.

만약 어떤 남자나 여인이 이 부처님 명호를 듣고 공경심을 낸다면 이 사람은 오래지 않아 아라한과(阿羅漢果)를 얻게 되옵니다.

또 과거 무량 아승지겁 전에 부처님이 세상에 출현하셨으니 호를 가사당(袈沙幢)여래라 하였사옵니다.

만약 어떤 남자나 여인이 이 부처님

명호를 들으면 곧 일백 대겁 동안 나고 죽는 죄를 벗어나게 되옵니다.

또 옛적에 부처님께서 세상에 출현하셨으니 호를 대통산왕(大通山王)여래라 하였사옵니다.

만약 어떤 남자나 여인이 이 부처님 명호를 들으면, 이 사람은 항하의 모래수와 같은 많은 부처님을 만나서 널리 설법하심을 듣고 반드시 보리를 이루게 되옵니다.

또 옛적에 정월불(淨月佛)·산왕불(山王佛)·지승불(智勝佛)·정명왕불(淨名王佛)·지성취불(智成就佛)·무상불(無上佛)·묘성불(妙聲佛)·만월불(滿月佛)·월면불(月面佛) 같은 말할 수도 없는 여러 부처님이 계셨나이다.

세존이시여! 현재나 미래의 일체중생이 만약 하늘이거나 인간이거나 남자거나 여자거나, 다만 한 부처님 명호만 염하여도 그 공덕이 한량없거늘, 하물며 많은 부처님 명호를 염하는 것이리까. 이 중생들은 날 때나 죽을 때나 스스로 큰 이익을 얻어 끝내 악도에 빠지지 않으리다.

만약 임종하는 사람이 있다면 그의 집안 권속이 한 사람이라도 이 병자를 위하여 높은 소리로 한 부처님 명호만 염하여도, 명을 마치는 이 사람은 오무간대죄(五無間大罪)가 없어지

고 나머지 업보는 모두 다 소멸되옵
니다.

　이 오무간대죄가 너무나 무거워서
비록 억겁을 지내어도 도저히 헤어날
수 없는 것이지만, 임종할 때에 다른
사람이 그를 위해 부처님 명호를 불
러 주어도 저런 중죄가 또한 점차로
소멸되거늘, 하물며 그 중생 스스로가
염불을 함이리까. 한량없는 복을 얻고
한량없는 죄가 소멸되나이다.』

第十. 교량보시공덕품(校量布施功德品)
【보시한 공덕을 헤아림】

그때 지장보살마하살이 부처님의 위신력을 받들어 자리에서 일어나 무릎 꿇어 합장하고 부처님께 아뢰었다.

『세존이시여! 제가 업도(業道) 중생의 보시 공덕을 비교하여 헤아려 보니 가볍고 무거움이 있어서 한생(一生)만 복을 받는 이도 있고, 십생(十生)을 받는 이도 있고, 백생 천생 동안 큰 복을 받는 이도 있사오니, 이것은 무슨 까닭이옵니까? 세존이시여! 저를 위해 말씀하여 주옵소서.』

이때 부처님께서 말씀하셨다.

『내가 이제 일체 대중이 모인 도리천궁 법회에서 염부제의 보시 공덕의 경중(輕重)을 비교하여 말하리니, 그대는 자세히 들어라. 내가 그대를 위해 말하리라.』

지장보살이 부처님께 아뢰었다.

『저는 그 일을 궁금하게 생각하오니, 즐거이 듣고자 하옵니다.』

부처님께서 말씀하셨다.

『남염부제에 있는 모든 국왕이나 재상·대신·대장자·대찰리·대바라문들이 가장 빈궁한 자나 꼽추·벙어리·귀머거리·장님 같은 갖은 불구자를 만나서 이 대국왕 등이 보시하고

자 할 때 만약 능히 대자비심을 갖추
어 겸손한 마음으로 웃음을 머금고
손수 두루 보시하거나 혹은 사람을
시켜 베풀며 부드러운 말로 위로한다
면, 이 국왕 등이 얻게 되는 복리는
일백 항하의 모래 수와 같은 부처님
께 보시한 공덕과 같으니라. 왜냐하면
저런 높고 귀한 자리에 있는 이들이
가장 빈천한 무리와 불구자들에게 큰
자비심을 낸 까닭이니라.

따라서 그만한 복이 생겨 백천생(百
千生)에 언제나 칠보가 그득할 것인
데, 하물며 의복과 음식 같은 일용품
이랴.

지장보살이여! 또 만약 미래세에 모

든 국왕이나 바라문들이 부처님의 탑
사나 혹은 부처님 형상이나 보살 · 성
문 · 벽지불의 형상을 만나 몸소 힘을
써서 마련하여 공양하고 보시한다면
이 국왕 등은 마땅히 삼 겁 동안 제석
천왕(帝釋天王)의 몸을 받아 수승한
묘락을 누리리라.

만약 능히 이 보시한 복리를 법계
에 회향하면, 이 대국왕 등은 십겁
동안에 항상 대범천(大梵天)의 왕이
되리라.

지장보살이여! 또 만약 미래세에 모
든 국왕이나 바라문들이 옛 부처님의
탑묘(塔廟)나 경전 · 불상이 허물어지
고 파손된 것을 보았을 때 능히 마음

을 내어서 보수하되, 이 국왕 등이 스스로 힘써 마련하거나 혹은 다른 사람들에게 권하여서 보시 인연을 많이 맺어준다면, 이 국왕 등은 백천생에 항상 전륜왕(轉輪王)의 몸이 될 것이요, 함께 보시한 사람들은 백천생에 항상 작은 국왕의 몸이 되리라.

더구나 탑묘 앞에 회향(回向)할 마음을 낸다면, 이 같은 국왕과 저 모든 사람들이 다 불도를 이루리니, 이 과보는 한량없고 끝이 없느니라.

지장보살이여! 또 미래세에 모든 국왕이나 바라문들이 늙고 병든 자와 해산하는 부녀들을 보고서, 만약 한 생각 동안이라도 큰 자비심을 내어서

의약·음식·와구(臥具)를 보시하여 편안케 하여 준다면, 이러한 복리는 아주 부사의 하여서 일백 대겁 동안을 항상 정거천(淨居天)의 주인으로 태어날 것이요, 이백 대겁 동안은 항상 육욕천(六欲天)의 주인으로 태어나게 되리라.

그래서 영원히 악도에 떨어지지 않고 백천생에 괴로운 소리가 귀에 들리지도 않을 것이며, 마침내 성불하리라.

지장보살이여! 또 만약 미래세에 모든 국왕이나 바라문들이 능히 이 같은 보시를 한다면 한량없는 복을 얻고, 더구나 능히 법계에 회향한다면 많고 적고를 물을 것 없이 필경 성불할 것이니, 하물며 제석이나 범천(梵天)이나 전륜왕의 과보이랴.

그러므로 지장보살이여! 중생들에게 널리 권하여 마땅히 이렇게 배우도록 하라.

지장보살이여! 또 미래세에 만약 선남자 선여인 이 불법 중에서 털끝 하나만큼의 작은 선근을 심어도 받게 되는 복리는 가히 비유할 수도 없을 만큼 많은 복을 짓는 것이니라.

지장보살이여! 또 미래세에 만약 어떤 선남자 선여인이 부처님 형상이나 보살·벽지불·전륜왕의 형상을 만나서 보시 공양한다면, 항상 인간이나 천상에서 아주 묘한 낙을 받을 것이며, 만약 능히 법계에 돌리면 이 사람의 복리는 비유도 할 수 없느니라.

지장보살이여! 또, 미래세에 만약 어떤 선남자 선여인이 대승경전을 만나 혹 한 게송·한 구절을 듣고 소중한 마음을 내어 찬탄 공경하고 보시 공양한다면, 이 사람은 한량없는 복을 얻고, 만약 능히 법계에 회향하면 복은 가히 비유할 수 없느니라.

지장보살이여! 또, 만약 미래세에 어떤 선남자 선여인이 부처님의 탑사나 대승경전을 만나 새것은 보시 공양하며 우러러 예배하고 찬탄 공경하며, 혹은 오래되어 헐고 무너진 것을 만나거든 보수하여 고치되, 혹은 혼자서 마음을 내어서 하거나 혹은 남에게 권하여 함께 하거나 한다면, 이런 무리들은 삼십생 동안을 항상 작은 국왕이 되고 단월(檀越)이 된 사람은 항상 전륜왕이 되어 착한 법으로써 작은 국왕들을 교화하리라.

지장보살이여! 또, 미래세에 만약 어떤 선남자 선여인이 불법 중에서 혹은 보시 공양하고 혹은 탑과 절을 보수하고 혹은 경전을 잘 꾸며서 선근을 심되, 비록 한 터럭·한 티끌·한 모래·한 물방울만 한 착한 일이라도 다만 능히 법계에 돌리면, 이 사람은 그 공덕으로 백천 생에 으뜸가는 묘한 낙을 받으리라.

다만 자기 집 권속이나 자신의 이익으로만 돌린다면, 이런 과보는 삼생(三生)의 낙이 될 뿐이니라.

하나로써 만 가지 복을 얻게 되나니, 지장보살이여! 보시의 인연이 이러하니라.』

第十一. 지신호법품(地神護法品)
【지신이 법을 옹호하다】

그때 견뢰지신(堅牢地神)이 부처님께 아뢰었다.

『세존이시여! 제가 예로부터 오면서 한량없는 보살마하살을 우러러 정례하였사온데, 모두가 불가사의한 큰 신력과 지혜로써 널리 중생을 제도하시지만, 이 지장보살마하살은 저 모든 보살들보다도 서원이 더 깊고 크옵니다.

세존이시여! 이 지장보살은 염부제에 큰 인연이 있나이다. 저 문수·보

현·관음·미륵보살도 역시 백천 가
지 몸으로서 육도 중생을 제도하시지
만 그 원은 오히려 끝이 있사오나, 이
지장보살은 육도의 일체 중생을 교화
하시며 서원을 발한 겁수가 천백억
항하의 모래 수와 같나이다.

세존이시여! 제가 살펴보니 미래나
현재의 중생들이 사는 곳에서 남쪽
정결한 땅에 흙·돌·대·나무 등으
로써 집을 지어, 그 속에 지장보살의
형상을 탱화나 금·은·동·철로 조
성하여 모시고 향을 사루어 공양하며
우러러 예배하고 찬탄하면 이 사람은
사는 곳에서 곧 열 가지 이익을 얻게
되옵니다.

열 가지라 함은 첫째는 토지가 풍년
들고, 둘째는 집안이 언제나 편안하
며, 셋째는 먼저 죽은 권속들이 천상
에 태어나고, 넷째는 살아있는 가족들
은 수명이 더하며, 다섯째는 구하는
것이 뜻대로 되고, 여섯째는 화재나
수재가 없으며, 일곱째는 헛되이 소모
되는 것이 없고, 여덟째는 사나운 꿈
이 끊어지며, 아홉째는 출입할 때 신
장이 보호하고, 열째로는 거룩한 인연
을 많이 만나는 것이옵니다.

세존이시여! 미래세나 현세의 중생
이 만약 머물러 사는 곳에서 능히 저
러한 공양을 지으면 이와 같은 이익
을 얻게 되옵니다.』

견뢰지신이 부처님께 또 아뢰었다.

『세존이시여! 미래세에 만약 어떤 선남자 선여인이 살고 있는 곳에서 이 경전과 보살의 형상을 모시고 이 사람이 능히 경전을 독송하며 보살에게 공양하면, 제가 언제나 밤낮으로 저의 본신력(本神力)으로써 이 사람을 호위하여 물·불·도적과 크고 작은 횡액이나 온갖 나쁜 일은 다 없게 하오리다.』

부처님께서 견뢰지신에게 이르셨다.

『견뢰여! 그대의 큰 신력에는 모든 신(神)들이 따르기 어렵도다.

왜냐하면 염부제의 토지가 모두 그대의 보호를 받으며 풀·나무·모래

·돌·곡식·보배 등 땅으로 해서 있는 것은 모조리 그대의 힘을 입기 때문이고, 또 그대가 지장보살의 이익에 대하여 찬탄하고 있으니, 그대의 공덕과 신력은 보통 지신들보다 백천 배가 되느니라.

만약 미래세에 어떤 선남자 선여인이 지장보살에게 공양하며 이 경전을 독송하되 이 본원경에 의지하여 다만 한 가지 일이라도 실천한다면, 마땅히 그대가 본신력으로써 그를 옹호하여 온갖 재해와 뜻대로 되지 않는 일들이 귀에 들리지도 않게 할 것인데, 하물며 그로 하여금 재앙을 받게 하랴.

단지 그대만이 이 사람을 옹호하는

것이 아니라, 또한 제석·범천의 권속
이며 온갖 하늘의 권속들도 이 사람
을 옹호하느니라.

어찌하여 이러한 성현들의 옹호를
받게 되는고?

이는 다 지장보살의 형상에 우러러
예배하고 이 지장본원경을 독송한 까
닭이며, 필경에는 자연히 고해를 벗어
나 열반락(涅槃樂)을 얻게 되므로 크
게 옹호를 얻는 것이니라.』

第十二. 견문이익품(見聞利益品)
【보고 듣는 데도 이익이 있음】

그때 세존께서 정수리 위에서 백천
만 억의 큰 호상광(毫相光)을 쏟아 놓
으셨다.

이른바 백(白)호상광 · 대백호상광 ·
서(瑞)호상광 · 대서호상광 · 옥(玉)호
상광 · 대옥호상광 · 자(紫)호상광 · 대
자호상광 · 청(靑)호상광 · 대청호상광
· 벽(碧)호상광 · 대벽호상광 · 홍(紅)
호상광 · 대홍호상광 · 록(綠)호상광 ·
대록호상광 · 금(金)호상광 · 대금호상
광 · 경운(慶雲)호상광 · 대경운호상광

· 천륜호광(千輪毫光) · 대천륜호광 · 보륜(寶輪)호광 · 대보륜호광 · 일륜(日輪)호광 · 대일륜호광 · 월륜(月輪)호광 · 대월륜호광 · 궁전(宮殿)호광 · 대궁전호광 · 해운(海運)호광 · 대해운호광이었다.

정수리 위에서 이런 호상광을 놓으시고는 미묘한 음성으로 천룡팔부 · 인 · 비인 등 모든 대중에게 이르셨다.

『듣거라. 내가 오늘 도리천궁에서 지장보살이 인간과 천상에 이익을 주는 부사의한 일과, 성현의 지위에 뛰어 오르게 하는 일과, 십지(十地)를 증득한 일과, 필경에 아뇩다라삼먁삼보리에서 물러서지 않게 하는 일들을 칭찬하고 찬탄하리라.』

세존께서 이 말씀을 하셨을 때, 회중에 있던 관세음보살이 자리에서 일어나 무릎 꿇어 합장하고 부처님께 아뢰었다.

『세존이시여! 이 지장보살마하살은 대자비를 갖추시고 죄고 중생을 가엾이 여기시어 천만억 세계에서 천만억 몸으로 화현하시며, 지니신 공덕과 부사의한 위신력을 저는 이미 들었나이다.

세존께서는 시방의 한량없는 모든 부처님과 더불어 이구동성으로 지장보살을 찬탄하시옵는데, 어찌하여 과거·현재·미래의 모든 부처님께서 그 공덕을 말씀하시더라도 이루 다 못한다 하시옵니까?

또한 앞서도 세존께서 널리 대중에게 이르시며 지장보살의 이익에 대한 일을 찬양하고자 하심을 뵈었나이다.

세존이시여! 바라옵건데 현재와 미래의 일체중생을 위하여 지장보살의 부사의한 일을 말씀하셔서 천룡팔부들로 하여금 우러러 예배하고 복을 얻게 하여 주옵소서.』

부처님께서 관세음보살에게 말씀하셨다.

『그대는 사바세계에 큰 인연이 있나니, 만약에 하늘이거나 용이거나 남자거나 여자거나 신(神)이거나 귀(鬼)거나 육도의 어떤 죄고 중생이라도 그대의 명호를 듣거나 그대의 형상을 보거나 그대를 흠모하거나 그대를 찬탄한다면, 여러 중생들은 모두가 위없는 도에서 물러가지 않고 항상 인간이나 천상에 태어나서 묘한 낙은 다 받을 것이며, 장차 인과가 익어지면 부처님의 수기를 받으리라.

그대가 이제 큰 자비로써 중생을 불쌍히 여겨, 내가 지장보살의 부사의한 이익에 대하여 밝혀 말하는 것을 듣고자 하는구나. 그대는 잘 들어라. 내가 이제 말하리라.』

관세음보살이 부처님께 말씀드렸다.

『그러하옵니다. 세존이시여! 즐거이 듣고자 하옵니다.』

부처님께서 말씀하셨다.

『미래나 현재의 모든 세계 가운데 어떤 하늘 사람이 누리던 천복(天福)이 다하여 오쇠상(五衰相)이 나타나고 혹은 악도에 떨어지게 되었더라도, 이러한 하늘 사람이 남자든 여자든 그런 모양이 나타날 때, 혹은 지장보살의 형상을 보고 혹은 지장보살의 명호를 듣고서 한 번 우러르고 한 번만 절하더라도, 이 여러 천인들은 천복이 더욱 더하여져 쾌락을 크게 받고 영영 삼악도의 보를 겪지 않으리라.

더구나 이 보살을 보고 듣고는 향·

꽃·의복·음식·보배·영락 등으로 보시 공양함이랴.

이 사람이 얻게 되는 공덕과 복리는 한량없고 가이없느니라.

관세음보살이여! 또 만약 미래나 현재의 모든 세계에서 육도 중생이 명을 마치려 할 때, 지장보살의 명호를 들려주어 그 한 소리만 귀에 들어가게 하여도 이 중생들은 영원히 삼악도의 고통을 겪지 않으리라.

하물며 목숨을 마칠 때에 부모나 권속이 그 죽은 사람의 사택·재물·보배·의복 등을 바쳐서 지장보살의 형상을 만들고 그리며, 혹은 앓는 사람이 죽기 전에 도를 아는 권속이 그를 위해 그의 재산으로 지장보살의 형상을 만들고 그리는 것을 알려서 병자가 직접 눈으로 보고 귀로 듣게 함에서랴.

이 사람은 지은 업보로 중병을 앓는 것이 마땅할지라도 그 공덕을 힘입어서 곧 낫게 되고 수명도 더하리라.

이 사람이 만약 업보로 명이 다하여 지어 놓은 모든 죄장(罪障)과 업장(業障)으로 악도에 떨어지는 것이 마땅하더라도 그 공덕을 입어서 죽은 뒤에 바로 인간이나 천상에 태어나 아주 묘한 낙을 받고 모든 죄장도 다 소멸되리라.

관세음보살이여! 또, 만약 미래세에

어떤 남자나 여인이 혹은 젖먹이 때
나 혹은 세 살·다섯 살·열 살 아래
에 부모나 형제자매를 잃고서, 그 사
람이 장성한 뒤에 부모나 권속들을
생각하고 그리워함에 어느 악도에 떨
어졌는지, 어느 세계에 태어났는지,
어느 천상에 태어났는지 모르거든,
이 사람이 만약 능히 지장보살의 형
상을 만들거나 그려 모시고 그 명호
를 부르며 한 번 우러르고 한 번 절하
면서 7일이 되도록 첫 마음이 물러가
지 아니하고 예배하고 공양한다면,
이 사람의 권속이 설사 악업 때문에
악도에 떨어져 여러 겁을 지나게 될
지라도, 남녀 형제자매가 지장보살의

형상을 만들거나 그려서 우러러 예배한 공덕을 입어 곧 해탈하고 인간이나 천상에 태어나 아주 묘한 낙을 받게 되리라.

죽은 사람이 복력이 있어서 이미 인간이나 천상에 태어나 낙을 받고 있다면 그 공덕으로 성스러운 인연이 더하여져 한량없는 낙을 누리게 되리라.

이 사람이 또 능히 삼칠일[二十一日] 동안 일심으로 지장보살의 형상에 우러러 절하면서 그 명호를 염하여 만 번을 채우면, 보살이 가이없는 몸을 나투어 그 권속이 태어난 세계를 다 알려 주며 혹은 꿈속에서 보살이 큰 신력을 나투어 친히 이 사람을 거느리고 여러 세계에 나아가서 권속들을 보여 주느니라.

또 능히 날마다 보살의 명호를 천 번씩 염하여 천 일에 이르면, 보살이 그가 사는 곳의 토지신을 시켜 종신토록 돌보게 하여 현세에 의식이 철철 넘치고 괴로운 질병들을 없게 하며 어떤 횡액도 그 집 문안에 들지 못하게 하거늘, 하물며 그 사람의 몸에 미치게 하랴.

이 사람은 필경에 보살의 마정수기를 받으리라.

관세음보살이여! 또, 만약 미래세에 어떤 선남자 선여인이 광대한 자비심을 내어 일체중생을 제도하고자 하거나, 위 없는 보리를 닦고자 하거나, 삼계(三界)에서 벗어나고자 한다면 이 모든 사람들이 지장보살의 형상을 보거나 명호를 듣고 지극한 마음으로 귀의하며, 혹은 향·꽃·의복·보물·음식으로 공양하고 우러러 절한다면 이 선남녀들은 소원이 속히 이루어지고 영원히 장애가 없게 되리라.

관세음보살이여! 또, 만약 미래세에 어떤 선남자 선여인이 현재와 미래와 백천만억의 여러 소원과 백천만억의 여러 일 등을 이루고자 하거든, 다만 지장보살에게 귀의하여 그 형상에 우러러 공양하고 찬탄하면 그 모든 소원과 구하는 바가 다 성취되리라.

또 지장보살이 큰 자비로써 영원히
나를 지켜주기 원한다면, 이 사람은
잠자는 꿈속에서 보살의 마정수기를
받으리라.

관세음보살이여! 또 만약 미래세에
선남자 선여인이 대승경전을 깊이 존
중하여 부사의한 믿음을 내어서 독송
하고자 하는데, 비록 밝은 스승을 만
나 가르침을 받아 익혀도 외웠다가는
금방 잊어서 긴 세월이 흘러도 능히
독송하지 못하는 것은 이 선남녀가
묵은 업장이 없어지지 않아서 대승경
전을 독송하는 성품이 없기 때문이니,
이러한 사람은 지장보살의 명호를 듣

고 형상을 보고서 본심을 다하여 공
경스럽게 그 사실을 아뢰고, 또 향·
꽃·의복·음식·온갖 장엄구로써 보
살을 공양하고 정결한 물 한 잔을 하
룻낮 하룻밤 동안 지장보살 앞에 올
렸다가 합장하고 마시되, 머리를 돌려
남쪽으로 향하고 입을 댈 적에는 지
극히 정중한 마음으로 해야 하느니라.

물을 마시고는 오신채(五辛菜)·술
과 고기·사음(邪淫)·망어(妄語)·살
생(殺生)을 칠일 혹은 삼칠일 동안 삼
가하면, 이 선남자 선여인은 꿈에 지
장보살이 가이없는 몸을 나타내어 이
사람 처소에서 관정수(灌頂水)를 주는
것을 다 보게 되리라.

그 사람이 꿈을 깨면 바로 총명을 얻어서 경전을 한 번 들으면 길이 기억하여 다시는 한 글귀·한 게송도 잊지 않으리라.

관세음보살이여! 또, 만약 미래세에 어떤 사람들이 의식이 부족하여서 구하여도 원대로 안 되며, 혹은 질병이 많고 혹은 흉하고 쇠퇴한 것이 많아서 집 안이 불안하고 권속이 흩어지며, 혹은 빗나가는 일들이 많이 닥쳐서 몸을 괴롭히고 꿈에도 놀래는 일이 많거든, 이러한 사람들이 지장보살의 명호를 듣거나 그 형상을 보고 지극한 마음으로 공경하며 만 번을 염하게 되면, 이 모든 여의찮은 일이 점

점 없어지고 안락하게 되며 의식도 풍족하여지고 꿈에도 모두가 편안하리라.

관세음보살이여! 또, 만약 미래세에 어떤 선남자 선여인이 혹은 생활에 필요해서나, 혹은 공적 사적 일 때문에 혹은 나고 죽는 일 때문에, 혹은 급한 일로 깊은 산림(山林)에 들어가거나, 강이나 바다 같은 큰 물을 건너거나, 혹은 험한 길을 지나게 될 적에 이 사람이 먼저 지장보살의 명호를 만 번 염한다면 그가 지나는 곳의 토지신이 호위하여서 행주좌와(行住坐臥)에 언제나 평안할 것이며, 호랑이 · 사자 같은 온갖 독물을 만나도 능히 해치지 못하리라.』

부처님께서 관세음보살에게 또 이르셨다.

『이 지장보살은 염부제에 큰 인연이 있나니, 만약 모든 중생들이 보고 들어서 얻는 이익에 대하여 말하자면 백천 겁에도 능히 다하지 못하리라.

이러하므로 관세음보살이여! 그대는 신력으로써 이 경을 유포하여 사바세계의 중생으로 하여금 백천만 겁토록 길이 안락을 누리게 하라.』

이때 세존께서 게송으로 말씀하셨다.

『내가 지장보살의 위신력을 보아하니
항하사 겁을 설파해도 어려우리
한 생각 동안만 보고 듣고
우러러 절해도
인간 천상 이익됨이 한량없네.

만약에 남자나 여자나 용과 신이
과보가 다해 악도에 떨어질 때
지심으로 지장존상께 귀의하면
수명은 늘고 죄장은 멸하리니.

어렸을 때 부모 형제 여의고서
그 혼신 태어난 곳 알지 못하고
형과 아우 누이동생 모든 친족
태어난 후 지금까지 아무도 모를 때
지장 형상 만들거나 그림 그려
잠시도 놓지 않고 우러러 절하면서

삼칠일 동안 그 명호를 염한다면
지장보살 가없는 몸 나투시어
그 권속들 태어난 곳 보여 주고
악도 중에 떨어져도 건져 주리.
만약 이 초심(初心)을 버리지 않으면
거룩한 마정수기 곧 받게 되리.

위 없는 보리도를 닦고자 하고
삼계의 괴로움을 벗고자 하면
이 사람은 대비심을 발하여
먼저 지장 형상에 우러러 절한다면
일체 소원 하루빨리 성취되고
가로막는 업장은 영원히 없으리.

어떤 사람 발심하여 경전을 염하며
중생들을 피안(彼岸)으로 제도하려는
부사의한 그 원력 비록 세워도

읽고는 금방 잊어버리는 것은
이 사람은 업장과 미혹 때문에
대승경전 능하게 기억 못 하니
향과 꽃으로 의복과 음식으로
여러 완구로써 지장에 공양하고
깨끗한 물 존상 앞에 올려놓고
하루가 지난 뒤에 마시려 할때

은중한 마음으로 오신채 끊고
술과 고기 사음 망어 삼가하며
살생하지 않고 삼칠일 지나며
지심으로 대사 명호 생각하면

꿈속에서 보살의 무변신 보고
깨고 나면 눈과 귀가 문득 밝아
이 경의 가르침 귀에 들으면
천만 생을 다시는 잊지 않으리

부사의한 지장대사 위신력이
그 사람 능히 이 지혜 얻게 하네.
어떤 중생 빈궁하며 병이 많고
집안 기울어져 권속 흩어지며

잠자는 꿈속에도 편치 못하고
구하는 것 뜻대로 안 되어도.
지심으로 지장 형상 우러러 절하면
일체의 나쁜 일 모두모두 소멸되고
꿈속까지 안정되며 의식이 넉넉하고
착한 신이 옹호하리.

산림에 들어가고 바다 건널 제
악독한 짐승들과 악한 사람이
악한 신과 악귀들과 악풍들이
여러 가지 재난으로 괴롭힐 때
거룩한 지장보살 형상 앞에

지심으로 공양하고 우러러 절하면
이와 같은 산림이나 바닷속의
여러 가지 악한 것이 소멸하리.

관음아! 지심으로 내 말을 들으소.
지장보살 무량한 불가사의는
백천만겁 말하여도 못다 하니
대사의 이 위력 널리 알려라.
지장보살 그 이름을 어떤 사람이
듣거나 형상을 보고 우러러 예배커나
향 꽃 의복 음식으로 공양하면
백천생에 묘한 낙을 받으리라.

만약 이를 법계에 회향하면
끝내는 성불하고 생사를 초월하리.
이 까닭에 관음아! 꼭 잘 알아서
항하사 여러 국토에 널리 알리어라.』

第十三. 촉루인천품(囑累人天品)
【사람과 하늘을 부족하다】

그때 세존께서 금빛 팔을 드시어 지장보살마하살의 이마를 어루만지시며 이렇게 말씀하셨다.

『지장, 지장이여! 그대의 신력은 불가사의하도다. 그대의 자비도 불가사의하도다. 그대의 지혜도 불가사의하도다. 그대의 변재도 불가사의하도다.

시방의 모든 부처님으로 하여금 그대의 그 불가사의함을 찬탄하시게 하여도 천만 겁 동안에 못다하리라.

지장, 지장이여! 내가 오늘 이 도리

천궁에서 백천만억의 이루 말할 수 없는 모든 불·보살과 천룡팔부의 크나큰 법회 가운데서 다시 부촉하노니, 그대는 삼계의 불집 속에서 아직 벗어나지 못한 모든 중생들이 하루라도 악도에 빠지지 말도록 하라.

더구나 오무간이나 아비지옥(阿鼻地獄)에 떨어져 천만억 겁이 지나도 벗어날 기약이 없게 하리요.

지장보살이여! 이 남염부제 중생들은 뜻과 성품이 정(定)한 바가 없어서 악을 익히는 자가 많고 비록 선심을 내어도 잠깐 사이에 곧 물러서며, 만약 악한 인연을 만나면 생각 생각에 악이 더 늘게 되느니라. 이러므로, 내가 이 몸을 백천 억으로 분신(分身)을 내어 교화하고 제도하되 그 근성을 따라서 해탈시키는 것이니라.

지장보살이여! 내가 이제 은근히 하늘과 인간의 무리들을 그대께 부촉하노니, 미래세에 만약 하늘과 인간의 어떤 선남자 선여인이 불법 중에 한 터럭·한 티끌·한 모래·한 물방울만 한 작은 선근을 심더라도 그대는 도력으로써 이 사람을 옹호하여 무상(無上)의 도를 닦게 하고 물러가지 말도록 하라.

지장보살이여! 또, 미래세에 만약 하늘 사람이나 세간 사람이 업보를 따라 악도에 빠지게 된다면, 악도에

떨어질 적에나 혹은 지옥의 문턱에
이르러서 이 중생들이 만약 한 부처
님 명호나 한 보살 명호나 대승경전
의 한 구절·한 게송만 염하더라도
그대는 신력과 방편으로써 이들을 구
제하되, 이 사람 처소에 가이없는 몸
을 나타내어 지옥을 부수고 천상에
나게 하여 묘한 낙을 누리게 하라.』

이때 세존께서 게송으로 말씀하셨다.

『현재와 미래의 천인 무리를
은근히 그대께 부촉하노니
그 큰 신통력과 방편력으로
악도에 빠지지 말게 할지니.』

이때 지장보살마하살이 무릎을 꿇어 합장하고 부처님께 아뢰었다.

『세존이시여! 바라옵나니, 염려하지 마옵소서. 만약 어떤 선남자 선여인이 불법 중에 한 생각만 공경하여도 제가 백천 방편으로 그를 제도하여 나고 죽음에서 빨리 벗어나게 하오리다.

하물며 착한 일들을 듣고 생각생각으로 닦아가는 자이리까. 이 사람은 자연히 위 없는 도에서 길이 물러서지 않으리다.』

이 말을 할 때, 회 중에 있던 허공장(虛空藏)이라는 한 보살이 부처님께 아뢰었다.

『세존이시여! 제가 이 도리천에 이

르러서, 부처님께서 지장보살의 위신력이 불가사의하다고 찬탄하심을 들었나이다. 미래세에 만약 어떤 선남자 선여인과 모든 천상이나 용들이 이 경전과 지장보살의 명호를 듣고, 혹 그 형상에 우러러 절을 한다면, 몇 가지 복리(福利)를 얻게 되옵니까! 세존이시여! 미래와 현재의 모든 중생을 위하여 간략히 말씀하여 주옵소서.』

부처님께서 말씀하셨다.

『내가 마땅히 그대를 위해 분별하여 말하리라.

만약 미래세에 어떤 선남자 선여인이 지장보살의 형상을 보고, 또 이 경을 듣고 독송하며, 향·꽃·음식·의

복·보물로써 보시 공양하여 찬탄하
고 우러러 절하면 스물여덟 가지(二十
八種) 이익을 얻으리라.

첫째는 하늘과 용이 지켜 줌이요,

둘째는 좋은 과보가 날로 더함이요,

셋째는 성현의 높은 인(因)을 모음
이요,

넷째는 보리에서 물러서지 않음이요,

다섯째는 의식(衣食)이 풍족함이요,

여섯째는 질병이 오지 못함이요,

일곱째는 수재 화재를 여윔이요,

여덟째는 도적의 액이 없음이요,

아홉째는 사람이 보고 스스로 공경
함이요,

열째로는 귀신이 도와줌이요,

열한째로는 여자는 남자의 몸으로 바꿀 수 있음이요,

열두째로는 여자라면 임금이나 대신의 딸이 됨이요,

열셋째는 모양이 단정함이요.

열넷째는 천상에 많이 태어남이요.

열다섯째는 혹은 제왕이 됨이요.

열여섯째는 숙명지(宿命智)를 통함이요.

열일곱째는 구하는 것은 다 뜻대로 됨이요.

열여덟째는 권속들이 화목함이요.

열아홉째는 모든 횡액이 소멸됨이요,

스물째는 업도(業道)가 영원히 없어짐이요.

스물한째는 가는 곳마다 통달함이요.

스물둘째는 밤에 꿈이 편안함이요.

스물셋째는 선망 권속이 괴로움을 벗어남이요.

스물넷째는 지어 놓은 복을 타고남이요.

스물다섯째는 모든 성현이 찬탄함이요.

스물여섯째는 총명하고 근기가 날카로움이요.

스물일곱째는 자비한 마음이 넉넉함이요.

스물여덟째는 필경에 성불하는 것이니라.

허공장보살이여! 또 만약 현재와 미

래의 천상 사람이나 용이나 귀신 등이 지장보살의 명호를 듣거나 그 형상에 예경하거나 혹은 지장보살의 본원(本願)과 행에 관한 일을 듣고 수행하며 찬탄하고 우러러 절한다면 일곱 가지 이익을 얻게 되나니,

첫째는 속히 성현의 지위에 오름이요,

둘째는 악업(惡業)이 소멸됨이요,

셋째는 모든 부처님이 곁에서 보호해주심이요,

넷째는 보리에서 물러서지 않음이요,

다섯째는 본원력이 더 커짐이요,

여섯째는 숙명을 다 통함이요,

일곱째는 필경에 성불하는 것이니라.』

이때 사방에서 오신 이루 말할 수

없는 모든 부처님과 대보살과 천룡팔부들이 석가모니부처님께서 지장보살의 불가사의한 큰 위신력을 드높여 찬탄하시는 것을 듣고서 일찍이 없던 일이라 하며 감탄하였다.

이때 도리천에는 한량없는 향·꽃·하늘·옷·구슬·영락을 비 오듯 내리어 석가모니부처님과 지장보살께 공양하였고, 법회에 모였던 모든 대중들은 다시금 우러러 예경하고 합장하며 물러갔다.

『지장보살본원경』 終

츰부다라니 (纖蒲陀羅尼)

『츰부 츰부 츰츰부 아가셔츰부 바결랍츰부 암발랍츰부 비라츰부 발결랍츰부 아루가츰부 담뭐츰부 살더뭐츰부 살더닐하뭐츰부 비바루가 찰뭐츰부 우뭐셤뭐츰부 내여나츰부 뷜랄여삼므디랄나츰부 찰나츰부 비실바리여츰부 셔살더랄바츰부 비여자수재 맘히리 담미셤미 잡결랍시 잡결랍 뮈스리 치리 시리 결랄뭐뷜러발랄디 히리 벌랄비 뷜랄저리니달니 헐랄달니 뭐러 져져져져 히리 미리 이결타탑기 탑규루 탈리 탈리 미리 뭐대 더대 구리 미리 앙규즈더비 얼리 기리 뭐러

기리 규차섬뮈리 징기 둔기 둔규리
후루 후루 후루 규루 술두미리 미리
디 미리대 뷘자더 허러히리 후루 후
루루』(六五旬)

츰부다라니의 공덕

"이 다라니를 받아 지니면 부처님을 잊지 않는 생각이
증장되고, 수명이 늘며, 체력이 증장되고, 건강이 증진
되며, 기력이 향상되고, 명예를 높이며, 도반과 제자와
깨끗한 계행이 증장되고, 총명과 인욕과 방편과 성스러
운 가르침에 이르는 광명이 증장되며, 대승의 바른 길로
나감이 증장되며, 일체의 청정법을 증장시키며, 천상에
나거나 열반에 이르게 하며, 비의 혜택을 증장시키며,
유익한 지수화풍(地水火風)을 증장시키고, 여러 식물의
정기와 맛을 높이며, 기쁨과 즐거움을 증장시키며, 재물
과 보배를 증장시키고, 수승한 힘을 증장시키며, 생활에
필요한 온갖 자구(資具)를 증장시키며, 일체 지혜를 용
맹하고 날카롭게 하여 번뇌를 깨뜨리게 된다."

－〈대승대집지장십륜경(大乘大集地藏十輪經)〉序品－

지장보살 멸정업진언(地藏菩薩 滅定業眞言)

『옴 바라 마니 다니 사바하』(세 번)

지장보살 멸정업진언의 공덕

멸정업진언(滅定業眞言)은 〈다라니집경(陀羅尼集經)〉에 수록되어 있으며 본래 이름은 지장보살법신주(地藏菩薩法身呪)이다. 이 진언을 지녀서 수행하면 지장보살 법신상(法身相)에 들 수 있고, 궁극에는 지장보살과 같은 대원의 공덕을 성취하게 되어 곧 지장보살의 화신(化身)이 된다. 정업(定業)이란 반드시 선악과(善惡果)의 과보를 받아야 하는 정해진 업을 말하는데, 전세 숙업으로 쌓은 온갖 악업의 과보라고 할지라도 없앨 수 있다는 지장보살님의 대서원과 가피력의 진언이다.

대보루각다라니 (大寶樓閣陀羅尼)

『나맣 사르바 타타가타남 옴 비푸라 가르베 마니프라베 타나가타 니다르사네 마니마니 스프라베 비마레

사가라 감비레 훔훔 즈바라즈바라 붇다 비로키테 구햐디 스티타 가르베 스바하』

대보루각다라니의 공덕

대보루각다라니는 〈대보광박누각선주비밀다라니경(大寶廣博樓閣善住秘密陀羅尼經)〉에 수록되어 있으며 큰 위력을 가지고 있어서 모든 중생들을 구제하고 무상보리를 성취할 수 있다. 이 다라니를 수지 독송하는 이들은 일체의 죄과를 씻을 수 있으며, 잠시라도 이 다라니를 외우면 불도에서 물러나지 않으며 천신들의 보호를 받는다.

무량수여래근본다라니(無量壽如來根本陀羅尼)

『나모라트나트라야야 나맣아랴 미타바야 타타가타야아르하테 사삼붇다야 타댜타 옴 아므르테 아므르토 드바베 아므르타삼바베 아므르타가르베 아므르타신데 아므르타테제 아므르타비흐

194

無量壽如來根本陀羅尼

림테 아므르타비흐림타가미네 아므르
타가가나키티카레 아므르타둠누비스
바레 사르바르타사다네 사르바카르마
크레 사얌카레 스바하』

무량수여래근본다라니의 공덕

무량수여래근본다라니는 〈무량수여래관행공양의궤(無量
壽如來觀行供養儀軌)〉에 수록되어 있으며, 이 다라니를
수행하면 극락세계에서도 가장 높은 곳에 태어난다고 한
다. 한 번만 외우더라도 10악 4중죄가 모두 소멸한다.

아미타불 종자진언 (阿彌陀佛種子眞言)

『옴 바즈라 다르마 흐릭』

아미타불 종자진언의 공덕

아미타불 종자진언은 〈대락금강불공진실삼매야경(大樂金
剛不空眞實三昧耶經)〉에 수록되어 있으며, 이 진언을 외
우면 모든 재난과 질병이 없어지고 소원을 이루며, 목숨
을 마친 뒤 극락세계에 상품(上品)으로 태어나게 된다.

195

광명진언 (光明眞言)

『옴 아모가 바이로차나 마하 무드
라 마니 파드마 즈바라 프라바를타
야 훔』(세 번)

광명진언의 공덕

광명진언은 비로자나(Vairocana) 부처님의 법신 진언으
로서, 이 진언을 외우면 부처님의 광명을 얻어 모든 죄업
이 소멸되므로 말 그대로 광명진언이라고 한다. 십악오역
의 중죄를 지은 사람이라도 이 진언을 두서너 번 듣기만
하여도 모든 죄업이 다 소멸한다. 일찍이 원효대사는 그
의 저서 〈유심안락도〉에서 이 진언의 공덕을 크게 강조하
였다. 깊은 죄업을 지어서 죽어 지옥에 떨어졌더라도 깨
끗한 모래를 그릇에 담아놓고 이 진언을 108번 외워 그
모래를 그 사람의 시신이나 묘지 또는 묘탑 위에 흩어주
면 비로자나불의 광명이 망인에게 이르러 모든 죄업이 소
멸되고 곧 서방 극락세계에 가서 태어나게 된다.

광명진언은 우리 자신이 만든 모든 부정적인 업의 진동
을 부처님의 지혜광명으로써 소멸시키고 빛의 상태로 변
화하게 하는 일체 제불보살님의 총주(總呪)이다.

지장보살 예찬문 (地藏菩薩 禮讚文)

저희들이 엎드려서 지성다하여
향로위에 향 한 쪽 사르고나니
향 기 는 온법계를 진동하옵고
이땅에서 불국토로 고루퍼지매
곳곳마다 상서구름 피어나오니
저희들의 간절한뜻 살펴주시사
자비하신 부 처 님 강림하소서.

지심귀명례 시방법계 상주삼보
나무지장보살마하살

대비대원　　대성대자　　보살께서는
미묘하온　　온갖공덕　　갖추었으며
대해탈의　　큰보배가　　나는곳이고
보살들의　　맑고밝은　　안목이시며
열반으로　　인도하는　　도사이어라.

온갖보배　　비내리는　　여의주처럼
구하는바　　그모두를　　만족케하며
온갖보배　　고루갖춘　　섬이시오며
모든선근　　키워주는　　좋은밭이며
대해탈의　　낙을담은　　그릇이오며
신묘하온　　공덕내는　　화수분이라.

착한이를　　비춰주는　　햇빛이시며
더운번뇌　　식혀주는　　달빛이시며

번뇌도적   격파하는   날쌘칼이며
더운여름   나그네의   정자나무며
다리없는   사람에겐   수레와같고
머나먼길   가는이의   자량이시며
길을잃은   나그네의   길잡이시며
미친사람   마음잡는   묘한약이며
병고중의   사람에겐   의사이시며
늙은이들   의지하올   지팡이시며
고달픈이   편히쉬실   평상이시며
생노병사   건네주는   다리이시며
불국토로   가는이의   뗏목이어라.

삼대선근   두루닦은   공덕신이며
모든선근   얻게되는   등류과시며
수레바퀴   구르듯이   항상베풀고

청정계행　　견고함은　　수미산같고
용맹정진　　불퇴전은　　금강보배며
안온하고　　부동하기　　대지이시며
정밀하온　　대선정은　　비밀장이며
화려하온　　삼매장엄　　화만과같고
깊고넓은　　대지혜는　　바다와같고
물들찮고　　집착않음　　허공같으며
묘한과보　　가까움은　　화엽같으며

일체외도　　조복함은　　사자왕이며
일체마군　　굴복시킴　　용상이시며
번뇌도적　　모두베는　　신검이시며
번잡함을　　싫어함은　　독각이시며
번뇌의때　　씻어줌은　　맑은물이며
모든악취　　없애줌은　　선풍과같고

온갖결박　끊으심은　칼날같으며
온갖공포　막으심은　아버지같고
온갖원적　막으심은　성곽같으며
온갖액난　구하심은　부모와같고
겁약한이　숨겨줌은　숲과같아라.

목 마 른　사람에겐　청량수되고
굶 주 린　사람에겐　과실이되며
헐 벗 은　사람에겐　의복이되고
더 위 속　사람에겐　큰구름되고
가 난 한　사람에겐　여의보되고
두 려 워　떠는이엔　의지처되며
농사짓는　이에게는　단비가되고
흐린물을　맑힘에는　월애주되어
모든중생　모든선근　두호하시며

묘한경계　　나타내어　　즐겁게하며
중생들의　　참괴심을　　더하게하며
복과지혜　　구하는이　　장엄갖추며
번 뇌 를　　씻어내기　　폭포수같고
산란심을　　거두기는　　삼매경계며
걸림없는　　대변재는　　수차같으며
깊은삼매　　부동함은　　묘색봄같고
대인욕에　　안주함은　　수미산같고
온갖법을　　갈무리심　　바다와같고
대신족이　　자재함은　　허공같으며
햇 빛 에　　얼음녹듯　　미혹없애며
선정도와　　지혜섬에　　항상노닐며
무공용의　　대법륜을　　항상굴리는
수승하온　　큰공덕은　　측량못해라.

오래닦아　견고하온　크신원력과
대자비와　용맹정진　크신공덕은
일체보살　뛰어넘어　비할데없어
잠시에도　쉼 없 이　귀의하옵고
염불하고　예불하고　공양하올때
모든중생　온갖고통　모두여의며
온갖소원　지체없이　거둬주시며
천상나고　열반길에　들게하시니
저희들이　일심으로　정례합니다.

지심귀명례　본사 석가모니불

지심귀명례　극락세계 아미타불

지심귀명례　사자분신구족만행불

지심귀명례　각화정자재왕불

지심귀명례　일체지성취불

지심귀명례　청정연화목불

지심귀명례　무변신불

지심귀명례　다보불

지심귀명례　보승불

지심귀명례　파두마승불

지심귀명례　사자후불

지심귀명례　구류손불

지심귀명례　비바시불

지심귀명례　보상불

지심귀명례　가사당불

지심귀명례　대통산왕불

지심귀명례　정월불

지심귀명례　지승불

지심귀명례　정명왕불

지심귀명례 지성취불

지심귀명례 산왕불

지심귀명례 무상불

지심귀명례 묘성불

지심귀명례 만월불

지심귀명례 월면불

지심귀명례 보광불

지심귀명례 보명불

지심귀명례 보정불

지심귀명례 다마라발전단향불

지심귀명례 전단광불

지심귀명례 마니당불

지심귀명례 환희장마니보적불

지심귀명례 일체세간락견상대정진불

지심귀명례　마니당등광불

지심귀명례　혜거조불

지심귀명례　해덕광명불

지심귀명례　금강뢰강보산금광불

지심귀명례　대강정진용맹불

지심귀명례　대비광불

지심귀명례　자력왕불

지심귀명례　자장불

지심귀명례　전단굴장엄승불

지심귀명례　현선수불

지심귀명례　선의불

지심귀명례　광장엄왕불

지심귀명례　금화광불

지심귀명례　보개조공자재력왕불

지심귀명례   허공보화광불

지심귀명례   유리장엄왕불

지심귀명례   보현색신광불

지심귀명례   부동지광불

지심귀명례   항복중마왕불

지심귀명례   재광명불

지심귀명례   지혜승불

지심귀명례   미륵선광불

지심귀명례   선적월음묘존지왕불

지심귀명례   세정광불

지심귀명례   용종상존왕불

지심귀명례   일월광불

지심귀명례   일월주광불

지심귀명례   혜당승왕불

지심귀명례　사자후자재력왕불

지심귀명례　묘음승불

지심귀명례　상광당불

지심귀명례　관세등불

지심귀명례　혜위등왕불

지심귀명례　법승왕불

지심귀명례　수미광불

지심귀명례　수만나화광불

지심귀명례　우담발라화수승왕불

지심귀명례　대혜력왕불

지심귀명례　아축비환희광불

지심귀명례　무량음성왕불

지심귀명례　재광불

지심귀명례　금해광불

지심귀명례 산해혜자재통왕불

지심귀명례 대통광불

지심귀명례 일체법상만왕불

지심귀명례 진시방 삼세 일체제불

지심귀명례 지장보살본원경

지심귀명례 대승대집지장십륜경

지심귀명례 점찰선악업보경

지심귀명례 진시방 삼세 일체존법

지심귀명례 입능발지정 지장보살

지심귀명례 입구족무변지정 지장보살

지심귀명례 입구족청정지정 지장보살

지심귀명례 입구족참괴지정 지장보살

지심귀명례 입구족제승명정 지장보살

지심귀명례 입무우신통명정 지장보살

지심귀명례 입구족승통명정 지장보살

지심귀명례 입보조제세간정 지장보살

지심귀명례 입제불등거명정 지장보살

지심귀명례 입금강광정 지장보살

지심귀명례 입전광명정 지장보살

지심귀명례 입구족상묘미정 지장보살

지심귀명례 입구족승정기정 지장보살

지심귀명례 입상묘제자구정 지장보살

지심귀명례 입무쟁지정 지장보살

지심귀명례 입구족세로광정 지장보살

지심귀명례 입선주승금강정 지장보살

지심귀명례 입구족자비성정 지장보살

지심귀명례 입인집제복덕정 지장보살

지심귀명례 입해전광정 지장보살

지심귀명례 이제정력제도병겁
　　　　　지장보살

지심귀명례 이제정력제질병겁
　　　　　지장보살

지심귀명례 이제정력제기근겁
　　　　　지장보살

지심귀명례 현불타신 지장보살

지심귀명례 현보살신 지장보살

지심귀명례 현독각신 지장보살

지심귀명례 현성문신 지장보살

지심귀명례 현대자재천신 지장보살

지심귀명례 현대범천신 지장보살

지심귀명례 현타화자재천신 지장보살

지심귀명례 현야마천신 지장보살

지심귀명례 현도사다천신 지장보살

지심귀명례 현제석천신 지장보살

지심귀명례 현사대천왕신 지장보살

지심귀명례 현전륜왕신 지장보살

지심귀명례 현장부신 지장보살

지심귀명례 현부여신 지장보살

지심귀명례 현동남신 지장보살

지심귀명례 현동녀신 지장보살

지심귀명례 현용신 지장보살

지심귀명례 현야차신 지장보살

지심귀명례 현나찰신 지장보살

지심귀명례 현아귀신 지장보살

지심귀명례 현사자신 지장보살

지심귀명례 현향상신 지장보살

지심귀명례 현마신우신 지장보살

지심귀명례 현종종금수지신 지장보살

지심귀명례 현염마왕신 지장보살

지심귀명례 현지옥졸신 지장보살

지심귀명례 현지옥제유정신 지장보살

지심귀명례 증장사중수명 지장보살

지심귀명례 증장사중무병 지장보살

지심귀명례 증장사중색력명문
　　　　　지장보살

지심귀명례 증장사중정계다문
　　　　　지장보살

지심귀명례 증장사중자구재보
　　　　　지장보살

지심귀명례 증장사중혜사 지장보살

지심귀명례 증장사중묘정 지장보살

지심귀명례 증장사중안인 지장보살

지심귀명례 증장사중방편 지장보살

지심귀명례 증장사중각분성제광명
　　　　　지장보살

지심귀명례 증장사중취입대승정도
　　　　　지장보살

지심귀명례 증장사중법명 지장보살

지심귀명례 증장사중성숙유정
　　　　　지장보살

지심귀명례 증장사중대자대비
　　　　　지장보살

지심귀명례 증장사중묘칭변만삼계
　　　　　지장보살

지심귀명례　증장사중법우보윤삼계
　　　　　　지장보살

지심귀명례　증장사중일체대지정기자미
　　　　　　지장보살

지심귀명례　증장사중일체종자정기자미
　　　　　　지장보살

지심귀명례　증장사중일체선작사업
　　　　　　지장보살

지심귀명례　증장사중정법정기선행
　　　　　　지장보살

지심귀명례　증장사중유익지수화풍
　　　　　　지장보살

지심귀명례　증장사중육도피안묘행
　　　　　　지장보살

지심귀명례 영리우고희구만족
　　　　　지장보살
지심귀명례 영리우고음식충족
　　　　　지장보살
지심귀명례 영리우고자구비족
　　　　　지장보살
지심귀명례 영리원증애락합회
　　　　　지장보살
지심귀명례 영유중병신심안온
　　　　　지장보살
지심귀명례 영사독심자심상향
　　　　　지장보살
지심귀명례 영해뇌옥자재환희
　　　　　지장보살

지심귀명례　영리수집편달가해
　　　　　　지장보살

지심귀명례　영창신심기력강성
　　　　　　지장보살

지심귀명례　영구제근무유손괴
　　　　　　지장보살

지심귀명례　영리요뇌심무광란
　　　　　　지장보살

지심귀명례　영리탐욕신심안락
　　　　　　지장보살

지심귀명례　영리위난안온무손
　　　　　　지장보살

지심귀명례　영리포외보전신명
　　　　　　지장보살

지심귀명례　영리우고만족다문
　　　　　　지장보살

지심귀명례　우살생자설숙앙단명보
　　　　　　지장보살

지심귀명례　우절도자설빈궁고초보
　　　　　　지장보살

지심귀명례　우사음자설작합원앙보
　　　　　　지장보살

지심귀명례　우악구자설권속투쟁보
　　　　　　지장보살

지심귀명례　우훼방자설무설창구보
　　　　　　지장보살

지심귀명례　우진에자설추루융잔보
　　　　　　지장보살

지심귀명례 우간린자설소구위원보
　　　　　지장보살

지심귀명례 우음식무도자설기갈인병보
　　　　　지장보살

지심귀명례 우전협자정자설경광상명보
　　　　　지장보살

지심귀명례 우패역부모자설천지재살보
　　　　　지장보살

지심귀명례 우소림자설광미취사보
　　　　　지장보살

지심귀명례 우망포생추자설골육분리보
　　　　　지장보살

지심귀명례 우훼방삼보자설맹롱음아보
　　　　　지장보살

지심귀명례　우경법만교자설영처악도보
　　　　　　지장보살

지심귀명례　우파용상주자설윤회지옥보
　　　　　　지장보살

지심귀명례　우오범무승자설영재축생보
　　　　　　지장보살

지심귀명례　우탕화참작상생자설체상보
　　　　　　지장보살

지심귀명례　우파계범재자설금수기아보
　　　　　　지장보살

지심귀명례　우비리훼용자설소구궐절보
　　　　　　지장보살

지심귀명례　우오아공고자설비사하천보
　　　　　　지장보살

지심귀명례 우양설투란자설무설백설보
　　　　　지장보살

지심귀명례 우사견자설변지수생보
　　　　　지장보살

지심귀명례 백천방편교화중생
　　　　　지장보살

지심귀명례 문수사리보살

지심귀명례 보현보살

지심귀명례 관세음보살

지심귀명례 대세지보살

지심귀명례 아일다보살

지심귀명례 재수보살

지심귀명례 정자재왕보살

지심귀명례 광목보살

지심귀명례 일광보살

지심귀명례 월광보살

지심귀명례 무진의보살

지심귀명례 해탈보살

지심귀명례 보광보살

지심귀명례 진시방 삼세 일체보살

지심귀명례 발양계교권선대사
　　　　　　도명존자

지심귀명례 진시방 삼세 일체현성중

예배하온　큰공덕과　뛰어난행의

가 없 는　수승한복　회향하오니

바라건대　고에빠진　모든유정이

어서바삐　극락국에　나가지이다

나무대자대비 대원본존 지장보살…….
(지장보살 염불 백천만 번)

지장보살　신묘위력　비할데없네
금색화신　곳곳마다　고루나투사
삼도육도　중생에게　묘법설하여
사생십류　모든중생　자은을입네.

장상명주　천당길을　밝게비추고
석장떨쳐　지옥문을　활짝여시고
누세종친　친척들을　이끌어내어
구품연대　부처님께　예배케하네.

『지장보살예찬문』終

地藏菩薩 禮讚文